Mr. Hopps

Memoiren eines Ostalb-Kaninchens

von

Monika Hellmann

http://mrhopps.jimdo.com

FSC
www.fsc.org
MIX
Papier aus verantwortungsvollen Quellen
Paper from responsible sources
FSC® C105338

Inhaltsverzeichnis

Kapitel 1

Vorwort

Gestatten, dass ich mich vorstelle?

Man nennt mich Mr. Hopps. Ich bin ein Kaninchen, oder wenn mans umgangssprachlich ausdrücken will, ein Hase.

Eigentlich sagt man uns Kaninchen ja oft nach, wir könnten weder lesen noch schreiben, aber dieses Buch soll interessierte Leser eines Besseren belehren. Kaninchen sind nämlich schlauer als man denkt und eignen sich nicht (nur) als Sonntagsbraten ...

Vor etwa viereinhalb Jahren erblickte ich das Licht der Kaninchenwelt. Man kann also sagen, ich bin ein Kaninchenjüngling im besten Alter. Ich genieße mein Single-Dasein, die Richtige hat sich halt noch nicht gefunden. Aber ehrlich gesagt, ich vermisse derzeit nichts, denn ich habe ein ganz liebes Herrchen und ein ganz liebes Frauchen, die mich voll und ganz auslasten!

Aber lasst mich von vorn beginnen ...

Eigentlich bin ich ja ein Second-Hand-Kaninchen. Wisst ihr, die meisten Leute sind der Ansicht, Kaninchen gehören in den Stall, der natürlich möglichst klein zu sein hat. Aber wer lebt schon gern in einer Gefängniszelle?

Und so ging es auch mir. Kaum konnte ich selbst mümmeln, kam ich in die Hände einer Familie mit Kindern und einem riesengroßen Hund. Sie dachten bestimmt, alles für mich zu tun, aber so richtig glücklich war ich nicht.

Mein Stall war zwar wunderschön und selbst gebaut, sogar für den Winter war er isoliert, aber mittlerweile war ich halt kein Baby mehr, sondern erwachsen, und für meine jetzige Größe war er zwischenzeitlich einfach zu klein für mich geworden.

Ich konnte darin nur sitzen, mich umdrehen, liegen und im Eck aufs Klo gehen. Im Sommer durfte ich zwar in ein kleines Gehege, das auf der Wiese stand. Ein kleines Stück von der Abdeckung war schattiert, so dass ich etwas Schutz vor der Sonne fand. Aber ich vermisste so sehr ein kleines Häuschen, in das ich mich zurückziehen konnte, wenn es mal zu heiß wurde, mich der große Hund erschreckte oder ich einfach mal meine Ruhe haben wollte.

Ich vermisste Spielzeug, Auslauf, Streicheleinheiten, geistige Anregung und einiges mehr.

Damit euch, äh, meine Kumpels, nicht das gleiche Schicksal ereilt, schreibe ich dieses Buch - denn jetzt weiß ich endlich, wie ein Hasenleben wirklich aussehen kann!

Kapitel 2

Der Tag, an dem mein wirkliches Hasenleben begann

Eines schönen Nachmittags strömten unzählige Leute an dem Haus meiner Vorbesitzer vorbei. Ich saß in meinem Stall und hätte alles so gerne aus nächster Nähe beobachtet. Was wollten die alle wohl hier? Kommen die mich besuchen oder gar holen? ... Scheinbar nicht.

Ich weiß ja schon lange, dass was im Busch ist. Hier will mich eigentlich keiner mehr so recht haben. Gibt es da draußen jemanden, der mich so richtig lieb hat und mich befreit? ...

Sollte heute mein großer Tag sein? Wie heißt es so

schön: Geduld ist das halbe Leben ...na, da hab ich ja mit meinen eineinhalb Jahren noch viel Zeit ...

Was sieht mein trübes Auge denn da? Der Hund meiner Vorbesitzer läuft auf die Straße und lässt sich von einem offensichtlich sehr tierlieben Frauchen streicheln.

Ach! Das Frauchen hat ja auch so schönes rotbraunes Fell wie ich!!! ... äh, ich glaube, bei Menschen nennt man das Haare ... die scheint ja wirklich lieb zu sein, hab unseren Haushund ja noch nie so zahm erlebt!! Schade, dass sie mich nicht sehen kann! ...

Wo ist sie denn? Ich seh sie grade noch um die Ecke verschwinden ... bleib doch daaaaa!!! Hiiiiier bin ich!!!

Jetzt fällt mirs wieder ein! Die Nachbarn haben heute Tag der offenen Tür in ihrem Schafstall. Dort haben auch grade viele Lämmer das Licht der Welt erblickt.

Oh nein, das nette Frauchen wird sich dort – so tierlieb, wie die ist - Schäfchen mit nach Hause nehmen, und für mich ist dann kein Platz mehr. Schade! Jammerschade!!

Hey, wer wird denn hier gleich Trübsal blasen? Wo bleibt denn mein Kampfgeist? Die wird ja sicher auch mal wieder rauskommen, da muss sie ja genau hier wieder vorbei. Ich muss nur dafür sorgen, dass ich endlich in mein Freigehege auf die Wiese komme, da muss sie mich einfach sehen, ist ja nur drei Meter von der Straße weg ...

Na, wer sagts denn, hat doch geklappt! Ist hier zwar nicht unbedingt der gemütlichste Ort, aber wer erfolgreich sein will, muss leiden!

Oh, welche Gunst der Stunde: Unser Haushund muss in den Zwinger! Das muss ja funktionieren – wenn das nette Frauchen nach Hause geht und bei uns vorbei kommt, sucht sie sicher den großen Hund – und wen wird sie finden? Mich! Jetzt heißt es: Vorbereitung ist alles!

Ich glaube, im Sitzen komme ich jetzt am besten zur Geltung, da bin ich einfach größer und nicht so leicht zu übersehen. Richtig graziös muss ich wirken – die Löffel nach oben und die Vorderpfoten vor den Bauch ... jetzt kanns losgehen!

Oh, oh, da kommt sie! Schnell in Stellung gehen! Meine Chancen steigen: Sie hat keine Schäfchen dabei, nur einen Sack Kartoffeln. Na, der ist keine ernst zu nehmende Konkurrenz für mich.

Hiiiier bin ich, schau mal, hiiiier!!

Was dreht sie sich denn dauernd hin und her – sucht sie etwa den Hund? Pech gehabt, der schläft schon!

Will ja nicht schadenfroh sein, aber jetzt wirds Zeit, dass ich auch mal zum Zuge komme!

Schau doch endlich heeer! Hiiiier bin ich! ... Jetzt ... jetzt ... jetzt sieht sie mich gleich! In Stellung gehen, stillhalten!

Ich traue meinen Löffeln nicht! Das nette Frauchen sieht mich endlich, schaut mich an und schreit: „Ach schau mal, ist der nicht süüüüß?" (Sag ich doch schon die ganze Zeit, aber auf mich hört ja keiner...).

Auf einmal rennt meine Vorbesitzerin über den Rasen auf das nette Frauchen mit dem rotbraunen Fell zu und fragt: „Wollen sie ihn haben?"

Ach du meine Güte, ist das entwürdigend!! Komme mir ja vor, wie auf dem Basar!! Fehlt bloß noch, dass sie jetzt das Feilschen anfängt – wie peinlich!!

Egal, da muss ich jetzt durch! Jetzt heißt es, Eindruck machen. Ich spüre einfach, dass das die Chance meines Hasenlebens ist!

Das nette Frauchen und ihr Besitzer – ich glaube, man nennt das bei den Menschen Ehemann – kommen über den Rasen auf mich zu. Jetzt darf einfach nichts mehr schief gehen! Sie fragt meine Vorbesitzerin, ob ich beiße. Ach du meine Güte! Wenn die wüsste! Ich bin lammfromm!!

Jetzt fragt sie, ob sie mich mal halten darf. Hilfe!! Ich will nicht auf den Arm genommen werden!! Ich brauche Mutter Erde unter meinen vier Pfoten!!

Es hilft nichts, bloß nichts anmerken lassen, sonst ist alles aus!

Meine Vorbesitzerin packt mich unter den Füßen und hebt mich auf die Schulter des netten Frauchens. Geht das denn bitte nicht etwas langsamer? Ich fühl mich ja wie in nem Turbo-Aufzug! Wie ich das hasse!!

Bloß festhalten! Mir ist schon ganz schwindelig! Jetzt heißt es cool bleiben! Das nette Frauchen scheint etwas Angst vor mir zu haben; keine Bange, ich bin der liebenswürdigste Hase der Welt! Du weißt es bloß noch nicht ...

Muss doch gleich mal nen Schnüffler riskieren ... hmmmmh! Ich kann dich gut riechen, äh, ich meine leiden. Du mich auch?

Gut festhalten! Jetzt bloß nicht vor Angst mit den Zähnen klappern! Sonst denkt sie noch, ich wär ein Angsthase!

Das nette Frauchen zögert und schaut mich an. Jetzt heißt es für mich, meinen treuesten, hilfsbedürftigsten, bemitleidenswertesten Blick aufzusetzen ... ach du dickes Ei, wie tief muss ich denn noch sinken?

Egal! Die Hauptsache ist doch: Es hat funktioniert!!!

Eine Hürde fehlt noch. Ihr Besitzer scheint auch ein nettes Herrchen zu sein. Wird er sie mit mir teilen?? ...

Das nette Frauchen fragt das nette Herrchen, ob sie mich mitnehmen sollen oder nicht. Hey, das ist doch gar keine Frage!! Klar, nehmt ihr mich mit! Ich geh nicht eher runter, bis ihr „ja" gesagt habt!!

Das nette Herrchen lächelt ... gibs doch endlich zu! Du bist doch meinem Fan-Club schon längst beigetreten!

Lange Rede, kurzer Sinn: So gerne bin ich noch nie in meiner ungeliebten Transportbox gesessen wie heute!!

Endlich habe ich ein nettes Frauchen und ein nettes Herrchen ganz für mich allein gefunden! Und ... ein neues Zuhause!

Kapitel 3

Mein neues Zuhause

Noch auf der Fahrt in mein neues Zuhause, in meiner Transportbox sitzend, wurde ich umgetauft. Mir solls recht sein!

Wie? Ihr nennt mich Mr. Hopps? Woher wisst ihr denn, dass ich gerne Luftsprünge mache? Der Name passt hervorragend zu mir – bin einverstanden!

Na, wenn das so weiter geht, bin ich der glücklichste Hase der Welt!

Anscheinend sind wir jetzt am Ziel! Muss mich doch gleich mal umsehen ... durch das Gitter meiner Box hindurch ist das gar nicht so einfach ...

Was?! Wollt ihr mich jetzt im Park aussetzen?? Das war aber nicht ausgemacht!!

Ach so, nur keine Panik, offensichtlich wohnen mein Herrchen und mein Frauchen auch in diesem Park; jetzt kann ich sogar das Haus sehen, es ist nur einige Meter von meinem Freigehege entfernt. Das ist ja zum Glück noch mal gut gegangen!

Ich traue meinen treuen, rehbraunen Augen nicht: Ich hab ja hier eine riesengroße Wiese ganz für mich allein – mitten im Grünen!

Jetzt stellt mir mein Herrchen auch noch ne Pappkiste mit nem Loch rein. Oh, welch ungekannter Luxus! Ein Häuschen mit Eingang – nichts wie rein und ausprobieren!

Und ehrlich gesagt, brauche ich jetzt auch dringend mal Ruhe und Zeit für mich. Es gibt so viele Eindrücke zu verarbeiten und ich bin haaaasenmüüüüde!

Hoffentlich war das alles nicht nur ein schöner Traum!! ...

Kapitel 4

Mein Traum ist Wirklichkeit

Mann, hab ich gut geschlafen! So gut wie schon lange nicht mehr!

Hurra!!! Ich bin ja immer noch da, wo ich gestern eingeschlafen bin! Manche Träume werden also doch noch wahr.

Nachdem einige Wochen vergangen waren, kam Frauchen plötzlich mit der Transportbox zu mir an mein Gehege.

Was? Ich soll hier wieder raus? Nur über meine Leiche!!

Ach so, Frauchen sagt, ich solle nur für kurze Zeit in

meine Transportbox gehen, weil Herrchen eine Überraschung für mich hat. Na, die will ich mir ja auf keinen Fall entgehen lassen!

Aber, dass ihr mir ja meine Pappkiste lasst, gell?

Ja, was seh ich denn da? Was rollt denn da für ein feudales Gemäuer an? Ein riesiges Freigehege und ein riesengroßes Häuschen dazu.

Oh nein, hier gibts wohl auch einen Haushund und der zieht jetzt da ein?! Und wo soll ich hin? War das die Überraschung? Na, die ist euch aber gar nicht gelungen, das ist ja fast wie in alten Zeiten! Na ja, nur fast. Mal sehen, vielleicht wirds ja gar nicht so schlimm, wie ich befürchte ...

Ach, sieht das schön aus: Das ist also das, woran Herrchen die letzten Tage herumgeschraubt und herumgehämmert hat. Wer darf denn hier bloß wohnen? Hab den Haushund immer noch nicht entdeckt, der muss doch hier irgendwo sein ...!?

Warum stellt Frauchen denn jetzt nur die Transportbox in das große Freigehege? Hilfe! Jetzt kommt gleich der Hund und ich bin mitten drin! Rettet mich!

Was sagt Frauchen da? Ich soll mir alles ansehen? Was sagt Herrchen da? Er hat diesen Sommersitz für mich gebaut? Darf das alles wahr sein? Das ist mein eigener Sommersitz? Wusste gar nicht, dass es so was gibt, aber es sieht wahrhaft königlich aus, wirklich wie ein Schloss!

Na, dann will ich doch gleich mal ne Pfote riskieren und mich langsam umsehen …

Was ist das denn? In meinem neuen, riesengroßen Freigehege steht am Rand eine Hütte aus Holz mit eingesägtem runden Eingang und einem wasserdichten Flachdach!!!

Na, da könnt ihr die Pappkiste gerne behalten, ich schenk sie euch!

Ist das herrlich schattig und geräumig hier drin! Da kann ich mich ja richtig ausstrecken, ohne dass mein Kopf zur Tür rausschaut! Traumhaft! Und ich kann sogar drin sitzen, wenns regnet, ohne nass zu werden!

Muss doch gleich mal dem Hüttchen aufs Dach springen und gucken, was man hier für eine Aussicht hat – atemberaubend! Nur Grün und bunte Blumen und … Ruhe!! Traumhaft!

Was sagt ihr da? Ich soll mein Wohnhaus ansehen? Ich war doch grade drin! Ach so, ihr meint das riesengroße Häuschen, das neben meinem Freigehege steht? Ich dachte, das ist die Hundehütte! Was, ihr habt gar keinen Hund, das gehört auch mir?

Seid mir bitte nicht böse, jetzt bin ich aber wirklich ganz von den Pfoten!! Das ist einfach zu viel für mich!

Das ist, als käme ich von einem Erdloch in ein Fünf-Sterne-Hotel mit allem Komfort, daran muss ich mich erst gewöhnen – aber keine Sorge, das dauert nicht lange!

Ich leg mich jetzt erst mal in die Ecke und verschnaufe eine Nase voll und lasse alles auf mich wirken – ich bin so aufgeregt, dass mein kleines Herzchen richtig rast.

Das haut ja schließlich den stärksten Hasen um! Und dann erst recht mich!

Kapitel 5

Mein Sommersitz

Wie ein ganz normaler Tag in meinem Kaninchendasein so aussieht, wollt ihr wissen? Da weiß ich ja gar nicht, wo ich anfangen soll. Wenn es nur allen meinen Kumpels so gut gehen würde, wie mir - nicht auszudenken, das wär toll!!

Am liebsten bin ich draußen in der Natur. Deshalb darf ich den Sommer über auch in einem von meinem Herrchen extra für mich angefertigten Sommersitz verbringen. Das ist ein feudales Gemäuer, sag ich euch!

Mein Wohnhaus besteht aus zwei Etagen. Das Erdgeschoss ist der Schattenbereich für heiße Tage. Ins Obergeschoss führt eine Rampe mit Tritthölzern, so dass ich flotten Fußes in meinen Wohn- und Schlafbereich finden kann.

Dort habe ich mir auch eine gemütliche Klo-Ecke eingerichtet. Gehöre schließlich zu einer besonders reinlichen Spezies, die ihre Hinterlassenschaften nicht einfach wahllos fallen lässt, nein, es muss schon alles seine Ordnung haben. Wäre ja noch schöner!

Zudem bleibt mir noch genügend Platz zum Ausruhen und Langlegen. Letzteres ist besonders wichtig, damit meine Wirbelsäule lange gesund und kräftig bleibt.

Ich habe dort sogar ein kleines Fensterchen, unter dem ich es mir so richtig bequem machen kann; dort genieße ich vor allem die Morgenstunden, wenn mir die ersten Sonnenstrahlen auf den Pelz brennen.

Und über genügend frisches Wasser und Futter verfüge ich selbstverständlich auch. Morgens und abends werde ich von Herrchen und Frauchen mit frischem Obst, Möhren und Wiesenkräutern verwöhnt.

Tagsüber bin ich Selbstversorger; wäre ja auch zu peinlich, wenn ich sagen müsste, dass ich mich den ganzen Tag nur verwöhnen lasse, ohne selbst ne Pfote krumm zu machen, gell?

Womit ich mich selbst versorge, wollt ihr wissen?

Ganz einfach: An mein Wohnhaus grenzt ein mit Gitternetz überdachtes Freigehege (überdacht ist es deshalb, dass ich nicht auf dem Speiseplan der hier so zahlreich vorkommenden Greifvögel lande).

Es steht auf einer saftigen Wiese. Wenn morgens also die Schiebetür aufgemacht wird, die mich nachts vor ungebetenen Gästen schützt, kann ich mich nach Lust und Laune dort bedienen.

Das schon im vorigen Kapitel erwähnte Häuschen mit Flachdach, das Herrchen extra für mich gebaut hat, steht auch noch drin.

Ich liebe es, mich tagsüber draufzusetzen, mir die sanfte Brise um die Löffel blasen zu lassen und die phantastische Aussicht zu genießen. Obendrein habe ich auch noch alles im Überblick – so entgeht meinem wachsamen Auge nichts!

Erst abends werde ich dann so richtig munter. An mein überdachtes Freigehege grenzt ein unüberdachter Auslauf, der mit Steckgittern abgegrenzt ist und flächenmäßig alle Vorstellungen übertrifft.

Herrchen und Frauchen öffnen dann ein kleines Türchen, durch das ich dann in diese endlosen Weiten entschwinden kann. Sie selbst schnappen sich dann entweder Stühle oder ne Liege und leisten mir Gesellschaft.

Jetzt heißt es springen und tollen, was das Zeug hält. Schließlich müssen meine Muskeln trainiert und meine Knochen stark erhalten werden. Von nichts kommt nichts!

All das scheint Herrchen und Frauchen immer sehr zu amüsieren, denn sie belohnen meine akrobatischen Übungen stets mit ausgiebigen Streicheleinheiten, welche ich zugegebenermaßen besonders genieße. Dafür lohnt es sich doch allemal, sich zum Gelächter zu machen, oder?

Dann kommt auch für mich die Zeit, ans Schlafengehen zu denken. Ausgelassen drehe ich noch ein paar Runden im Sauseschritt. Herrchen und Frauchen nennen es „Fangsterl", weil sie dann immer hinter mir her rennen. Scheint ihnen riesigen Spaß zu machen – na, den gönnen wir ihnen doch, oder?

Erst danach ziehe ich mich freiwillig in mein luxuriöses Wohnhaus zurück. Dort haben Herrchen und Frauchen bereits ein überaus schmackhaftes Abendmahl für mich vorbereitet, welches jeden Tag eine besondere Überraschung für mich ist.

Und über den Zimmerservice brauche ich mich auch nicht zu beklagen. Der ist optimal! Jeden Abend finde ich meine Klo-Ecke blitzblank vor. Das lob ich mir! Na, da schmeckt das Abendessen doch noch mal so gut, oder?

Und dann träume ich vom nächsten Tag in meinem neuen Kaninchen-Schlaraffenland-Dasein.

Kaum zu glauben, dass all diese Freuden so manchen meiner Kumpels da draußen versagt bleiben, oder?

Kann es einem Haustier besser gehen? Wohl kaum!

Kapitel 6

Zimmerservice

Zimmerservice - was das nun wieder sein soll, fragt ihr euch? Tut doch nicht so unschuldig – ich möchte nicht wissen, wie es euch geht, wenn ihr im Urlaub seid und der Zimmerservice in eurem Hotel mehr als zu wünschen übrig lässt, oder? Ich sehe, wir haben uns verstanden.

Also, ich kann – wie immer – nicht klagen! Mein Zimmerservice funktioniert hervorragend - da kann sich jedes Hotelpersonal eine Scheibe abschneiden!

Wie der aussieht, mein Zimmerservice, wollt ihr wissen? Ich erklärs euch, nichts lieber als das: Da wir Kaninchen - entgegen anders lautender Gerüchte - mehr als reinlich sind, böbbelt und pinkelt unsereiner natürlich nicht wahllos in der Gegend herum, nein, wir haben für solcherlei Geschäfte eine spezielle Toilettenecke in unserem Wohnbereich. Die richtet sich jedes Kaninchen selbstverständlich ganz individuell und nach Geschmack ein – bei euch sehen die Wohnzimmer und die sanitären Anlagen ja auch nicht alle gleich aus, oder?

In meinem Sommersitz habe ich mir meine Toilette im Obergeschoss meines Wohnbereichs in der hintersten Ecke eingerichtet, gegenüber der Fensterseite. Frauchen legt mir dort immer eine herrlich dicke Schicht aus feinen Holzspänen aus, die in den Ecken an der Wand immer etwas höher ist. Warum, fragt ihr?

Na, Scham beiseite: Ich mag das sehr gerne, denn ich kann meinen Po direkt dort anlegen und loslegen, alles bleibt sauber und es spritzt nicht so. Mehr möchte ich nun aber nicht ins Detail gehen, denn etwas Würde soll mir schon auch noch bleiben, oder? Also, macht ihrs, wie ihr wollt!

Und da ich ja nun nicht selbst für den Austausch der Einstreu sorgen kann, besorgt mir das täglich mein liebes Frauchen – kriegst nen extra Nasenschlecker dafür, mein Frauchen!

Dazu benutzt sie eine große, grüne Schaufel aus Kunststoff, die ich zugegebenermaßen nicht ausstehen kann, weil ich sie als Eindringling betrachte.

Anfänglich habe ich sie noch attackiert – die Schaufel nämlich - aber zwischenzeitlich weiß ich, dass sie ja nicht lange bleibt, sondern nur die feuchte Einstreu und die Böbbel entfernt, was ja schließlich ganz in meinem Sinne ist – also lass ich sie gewähren.

Ich mach mich zwischenzeitlich aus dem Staub und begebe mich ins Erdgeschoss. Habs nicht so gerne, wenn so viel los ist im Wohnzimmer. Und außerdem kann Frauchen dann überall gut hin und so ist uns beiden gedient.

Den Zimmerservice besorgt sie vorzugsweise immer am Abend, so dass, wenn ich zu Bett gehe und vorher zu Abend esse, alles schön sauber ist und herrlich angenehm duftet.

Klingt das nicht wunderbar? Ist es auch!

Also, nur nicht neidisch werden, muss doch schließlich einen Vorteil haben, ein Haustier zu sein, oder?

Kapitel 7

Fellwechsel

Momentan ist mein Leben alles andere als leicht. Sehe aus wie ein gerupftes Huhn!

Herrchen und Frauchen nennen mich seit Tagen – natürlich liebevoll – einen Faulpelz, weil ich entgegen meinen sonstigen Gewohnheiten keine Anstalten mache, in mein ach so geliebtes Freigehege zu gehen, zumindest nicht freiwillig.

Wenn die wüssten, dass mein derzeitiger Zustand arg an meinem Selbstbewusstsein nagt! Ich weiß ja nicht, wie es euch in so einer Situation gehen würde, aber ich trau mich ja gar nicht mehr unters Volk, so wie ich aussehe!

Ständig juckt es mich am ganzen Körper und ich

komm aus dem Putzen gar nicht mehr raus. Dabei hab ich dann den ganzen Mund voller Haare – igitt!

Klar weiß ich, dass das einmal im Jahr ganz normal ist, aber schön find ich diesen Zustand trotzdem nicht!

Das einzige Highlight an solchen Tagen ist für mich, wenn Frauchen mir morgens das Frühstück bringt und mich erst einmal so richtig schön bürstet – von Kopf bis Fuß – oft sogar mehrmals am Tag, wenns bei mir ganz schlimm ist. Herrlich ist das!!

Da leg ich mich dann lang und genieße dieses Wellness-Programm in vollen Zügen!

Dass mein Frauchen dazu eine hellblaue Babybürste benutzt, wo auch noch groß und breit der Schriftzug „Baby" drauf steht, ist für mich zwar der Gipfel der Peinlichkeit, aber zum Glück siehts ja keiner. Sie könnte ja auch rosa sein, noch schlimmer!!

Ich weiß ja, dass ich selbst dran schuld bin, bin ja schon still. Die Kaninchenbürste, die mein Frauchen bisher benutzt hat, hat mir lange gut getan, zugegeben, aber zuletzt hat sie halt auf meiner empfindlichen Haut ganz schön unangenehm gekratzt, was ich verständlicherweise ja nun gar nicht leiden kann!

Und weil Herrchen und Frauchen alles für mich tun,

damit ich mich so richtig wohl fühle, haben sie in ihrer Not eben eine Babybürste für mich gekauft. Die hat nämlich die weichsten Borsten. Stimmt wirklich!

Und derzeit gibts die halt leider oft nur in zwei Farben.

Manchmal sind Menschen schon recht einfallslos - außer Herrchen und Frauchen natürlich!

Na ja, wie ich immer zu sagen pflege: Hauptsache, das Ergebnis stimmt. Also, Augen zu und durch!

Kapitel 8

Essgewohnheiten

In manchen Büchern kann man nachlesen, dass uns Kaninchen gefälligst Käserinde zu schmecken hat.

Aber seid doch mal ganz ehrlich, zählt Käserinde zu euren Leibgerichten? Zu meinen auch nicht! Schon der widerliche Geruch – kein Vergleich mit dem betörenden Duft von Gartenkräutern, am besten frisch gepflückt! Ich bin eben ein richtiger Naturbursche!

Manche mögen mich für einen Vielfraß halten, weil ich den ganzen Tag am Essen bin. Aber mal Pfote auf die Brust, äh, Hand aufs Herz: Wenn ihr euch den ganzen Tag von Salat ernähren würdet, ginge es euch genauso.

Außerdem hab ich was, was ihr nicht habt: Man nennt

es „Stopfmagen". Was das sein soll? Will ich euch erklären: Meine Verdauung funktioniert nur, wenn der Magen ständig Nachschub bekommt.

Also seid endlich still, ich hab hiermit sozusagen eine wissenschaftlich abgesegnete Entschuldigung und Erlaubnis für meine (Fr)essgewohnheiten ...

Was ich besonders gerne mag, wollt ihr wissen?

Meine absolute Lieblingsspeise, für die ich sogar Männchen mache, ist Dill! Alles daran: Die Wurzeln, die Stängel, das Grün und die Blüten. Einfach herrlich! Ein unbeschreiblicher Nasen- und Gaumenschmaus! Für mich jedenfalls.

Dann wären da noch - außer saftigem Gras natürlich - diverse Wiesenkräuter: Löwenzahn, Spitz- und Breitwegerich, Schafgarbe, rote und weiße Kleeblüten in kleinen Mengen (der Darm wirds euch danken), Gundelkraut, Goldrute, Topinamburblätter und Topinamburwurzeln, Sauerampfer, wilde Möhre, Giersch, Gänseblümchen, Labkraut und vieles mehr, was mir jetzt auf die Schnelle gar nicht mehr alles einfallen will – selbstverständlich nicht nur die Blätter von alldem, sondern auch die Blüten, versteht sich!

Zu meinem Glück haben Herrchen und Frauchen keinen englischen Rasen, der nur aus Grashalmen besteht, sondern eine herrliche Kräuterwiese, wo ich all das in Hülle und Fülle finden kann. Sicher könnte ich auch von Grashalmen allein leben, aber Abwechslung ist doch das halbe Leben, oder? Ihr mögt doch auch nicht immer nur Spinat essen!

Wenn ihr jetzt denkt, das wäre alles, kennt ihr den Park meines Herrchens und meines Frauchens nicht. Sie lieben nämlich beide die mediterrane Lebensart – sehr zu meiner Zufriedenheit, denn ich teile diese Vorliebe mit ihnen - zumindest, was die Kräuter betrifft.

Da wären zum Beispiel Rosmarin, Oregano, Basilikum, Estragon, Salbei, Thymian - all das wächst auf unserem Grundstück und steht regelmäßig auf meinem Speiseplan.

Das ist aber noch nicht alles. Ich liebe auch Äste und Blätter von Schwarzer Johannisbeere, Apfelbäumen, Wildpflaumen und Wildweide. Das ist besonders wichtig für meine Zähnchen, damit sie sich schön abwetzen beim Knabbern, denn die wachsen nämlich nach - meine Zähnchen, meine ich. Und da sind halt Äste eine willkommene Luxus-Dreingabe zu Möhren und altem Brot. Wer lebt schließlich schon gerne nur von Brot und Wasser!?

Stichwort Möhren. Es gibt noch andere Wurzeln und

Knollen, die mir schmecken! Zuallererst natürlich Dillwurzeln, Petersilienwurzeln, Pastinaken, Fenchelknollen, Topinambur und Kohlrabi.

Für Kohl bin ich übrigens immer zu haben. Ja, ich weiß, den soll ich nur in Maßen essen - meiner Verdauung zuliebe - aber ich könnte mich da reinsetzen, wie man so schön sagt. Und natürlich nicht nur das, sondern auch genüssliches Verspeisen ist angesagt. Am meisten liebe ich Grünkohl und Kohlrabi samt Blättern.

Unlängst hat mir Frauchen ein paar Blätter von ihrem Rosenkohl geschenkt - den sie am liebsten mag – damit ich mal probieren kann.

Und was soll ich sagen? Ich kann Frauchens Vorliebe dafür aus tiefstem Grunde meines Herzchens verstehen, mir gehts nämlich ganz genauso – ich liebe Rosenkohl! Selbstverständlich noch lange nicht so, wie ich Herrchen und Frauchen liebe.

Das Tragische an der Sache ist nur, dass wir (mein Frauchen und ich) ihn (den Rosenkohl nämlich) zu unser beider Leidwesen überhaupt nicht gut vertragen.

Ich bekomme schon von kleinsten Mengen schreckliche Blähungen und dergleichen mehr – ausführlichere

Beschreibungen erspare ich euch an dieser Stelle – und mir weitere Peinlichkeiten ...

Frauchen ergeht es da noch schlimmer, wie man sich erzählt, aber glaubt mir – so genau wollt ihr es eigentlich gar nicht wissen!

Im Herbst gibt es leckeren Mais - frisch vom Feld - den Herrchen und Frauchen immer beim Bauern kaufen. Den abzuknabbern ist für mich ein besonderer Genuss.

Ja, dann fehlt noch das Obstsortiment, aus dem ich reichlich bekomme. Am liebsten mag ich Wildpflaumen. Ich weiß ja, dass mir niemand was wegnimmt, aber wenn ich die ins Mäulchen kriege, bin ich nicht mehr zu halten und verdrücke mich in die hinterste Ecke meines Geheges und vergesse alles um mich herum.

Besonders gern hab ich auch saftige Birnen, Pfirsiche, Nektarinen, Aprikosen, Himbeeren, Zwetschgen und Äpfel.

Herrchen und Frauchen essen am liebsten Erdbeeren aus dem eigenen Garten, aber die kann ich ja nun gar nicht leiden, genauso wenig wie Melonen, Heidelbeeren, Kirschen, Walderdbeeren oder Gurken. Die bekomm ich dann halt auch nicht noch mal. Aber das kann ich verschmerzen. Das Angebot ist für mich sowieso mehr als abwechslungsreich, oder etwa nicht?

Klar, über all das liest man in den meisten Büchern natürlich nicht viel, weil die meisten meiner Kumpels in Wohnungen von Menschen hausen und dort außer Möhren, altem Brot und vielleicht noch Äpfeln oftmals gar nichts anderes kennen. Heu haben sie natürlich alle, aber viele leben fast ausschließlich von Trockenfutter. Ehrlich gesagt, mir gings ja früher auch nicht anders.

Zugegeben, Trockenfutter mag ich ebenfalls sehr gerne, aber bitte nur in Maßen. Ein Zuviel davon wäre ungefähr so, als wenn ihr euch ausschließlich von Chips und Torte ernähren würdet.

Wie ihr dann bald – noch dazu mit wenig Bewegung – aussehen würdet, brauche ich wahrscheinlich nicht näher zu beschreiben. Ja, und mir ginge es da auch nicht anders, wenn ich so bewegungsarm leben würde wie viele meiner Artgenossen.

Ihr müsst nämlich wissen, Trockenfutter liefert Unmengen an Energie. Sinn macht das für mich eigentlich nur während der Herbstmonate, damit ich mir schon mal etwas Winterspeck anfuttern kann - und in den Wintermonaten, wenn es draußen recht kalt ist und ich viel Kalorien benötige, damit die innere

Heizung funktioniert.

Dann lebe ich nämlich draußen in meinem Wintersitz. Was das nun wieder ist, fragt ihr? Na, das klären wir dann in einem extra Kapitel, das würde jetzt zu lange dauern. Meine Essgewohnheiten sind im Winter wieder ganz andere als im Sommer. Und warum das so ist, erzähl ich euch dann auch.

Wie dem auch sei, ich kann hier selbstverständlich nur aus eigener Erfahrung und über meine eigenen Vorlieben sprechen. Muss ja nicht heißen, dass alle meine Kumpels das Gleiche als ein solches Geschmackserlebnis empfinden wie ich. Kann ja auch anders sein. Das Ausprobieren kann ich euch also nicht abnehmen.

Tja, eines ist allerdings bei allen Kaninchen gleich. Das Thema wird gerne verschwiegen, weil viele sich vielleicht schämen oder es gar ekelig finden. Aber schließlich sind wir so gebaut und können nichts dafür!

Wenn unsere Verdauung gut funktioniert - was sie bei der vielfältigen Speisekarte, die mir zur Verfügung steht, auch tut - produzieren wir unzählige erbsengroße, schwarze Böbbel, in der Fachsprache nennt man die „Köttel". Aber mir gefällt Böbbel besser, wir leben ja schließlich im Schwôbeländle, da muss man sich schon etwas anpassen ...

Auf jeden Fall stehen nicht wenige dieser Böbbel auch auf unserem täglichen Speiseplan. Seid nicht so entgeistert! Klar ist das nicht jedermanns Geschmack, aber man gewöhnt sich dran. Und manche davon duften und schmecken sogar ziemlich lecker! Und wisst ihr auch, warum wir das so machen?

Weil wir nur so die in der Nahrung enthaltenen Vitamine und Nährstoffe aufnehmen können. Würden wir diese ausgesuchten Böbbel nämlich verschmähen, hättet ihr nicht mehr lange Freude an uns, und das wollt ihr ja auch nicht, oder? Also gewöhnt euch dran!

Bei euch Menschen schmeckt ja schließlich auch nicht allen alles, oder? Seid ja trotz so mancher Ähnlichkeit immer noch unterschiedlich.

Warum sollte das bei uns anders sein, nur weil wir Kaninchen sind!?

Und ich bin sowieso einzigartig! Sagen jedenfalls Herrchen und Frauchen - und langsam glaub ichs auch!

Kapitel 9

Das Gewächshaus

Wie ihr ja bereits wisst, bin ich ein echter Naturbursche. Also, was liegt näher, als sich im heimischen Garten nützlich zu machen? Wie das funktionieren soll, wollt ihr wissen?

Na, Herrchen und Frauchen haben einen großen Garten, kann sie ja schließlich nicht alles alleine machen lassen, oder?

In den Wintermonaten zum Beispiel darf ich tagsüber im Gewächshaus herumtollen. Dort habe ich fast acht Quadratmeter für mich ganz alleine, denn die Tomaten und Gurken sind bereits ausgezogen, die den Sommer über hier gewohnt haben.

Was ich hier zu suchen habe, wollt ihr wissen?

Na, das ist doch sonnenklar! Buddeln natürlich! Der Gärtner nennt das „Umgraben" – und – so ganz automatisch, nebenbei und äußerst kostengünstig – in die Ecken böbbeln. Der Gärtner nennt diesen Vorgang „Düngen".

Da schaut ihr, gell? Und da soll einer sagen, wir sind zu nichts nütze!

Und obendrein habe ich Auslauf, kann nach Wurzeln graben, die sich dort versteckt haben, vor allem die vom Dill, kann auf meinem Häuschen sitzen und allerlei Leckeres verspeisen, was mir Frauchen dort hingelegt hat.

Und anschließend kann ich mich dann auf meinem Stuhl so richtig ausruhen, selbstverständlich gebettet auf einem extra für mich ausgesuchten Kuschelkissen - versteht sich doch von selbst, oder?

Und Besuch bekomme ich auch. Herrchen und Frauchen schauen öfter mal zu mir rein - aber nie mit leeren Händen, eben wie sichs gehört. Mal ist eine Möhre dabei, mal ein Stück Bio-Apfel aus dem eigenen Garten oder gar ein paar Getreide-Luffis, die ich so gerne mag.

Dann leg ich mich auf mein Kuschelkissen und schieb meinen Kopf unter die Hand von Herrchen oder Frauchen, denn nun will ich gestreichelt werden. Eine Belohnung hab ich mir nämlich jetzt mehr als verdient. Habe ja schließlich ein paar Happen zu mir genommen und die mitgebrachten Geschenke aufmerksam zu würdigen gewusst!

Wenn Herrchen und Frauchen diesen Wink, mich zu streicheln, mal nicht gleich verstehen, muss ich zu härteren Methoden greifen: Da hilft dann nur noch heftiges Schupsen, wenns sein muss, mehrmals - und schon kann das Wellness-Programm beginnen.

Kann das Leben schöner sein? ...

Kapitel 10

Winterdienst

Freut ihr euch auch schon so auf den nächsten Winter? Ich auch! Ihr freut euch wahrscheinlich auf Schlittenfahren, Skifahren oder Eislaufen, gell?

Ich freu mich auf ganz was anderes. Entgegen den Vorlieben vieler Menschen schippe ich für mein Leben gerne Schnee. Wie das aussieht, wollt ihr wissen?

Na, ganz einfach. Hab euch ja schon mal erzählt, dass ich während der Wintermonate häufig im Gewächshaus anzutreffen bin.

Und wie das in der Natur der Sache liegt, kommt es schon mal vor, dass es zu gewissen Zeiten schneit. So auch bei uns. Hausen schließlich hier im rauen Härtsfeld, da gehts wettermäßig schon mal rustikaler zu als in gemäßigteren Klimazonen.

Herrchen und Frauchen haben beim Eingang des Gewächshauses ein Steckgitter um einen davor liegenden bewachsenen Erdhügel angebracht, so dass ich auch mal im Winter draußen herumtollen und etwas klettern kann – das macht Spaß!

Und wenns mal so richtig schneit, wird der Weg um den Hügel herum für mich nahezu unpassierbar. Das geht schneller, als mir lieb ist. Um diesen Missstand zu beseitigen, schippe ich den Schnee fort.

Dabei gehe ich folgendermaßen vor:

Mit den Vorderpfoten schiebe ich immer so auf der Länge von ungefähr 10 Zentimetern Schnee vor mir her – bis ich mit dem Bauch fast auf dem Boden liege, die Hinterläufe fest in den Boden gestemmt. Dabei kann es dann schon mal passieren, dass mir der vor mir aufgehäufte Schnee etwas auf den Kopf fällt, bevor ich drüberlaufen kann, um den Schnee festzutreten.

Muss anscheinend jedes Mal ein besonders erheiternder Anblick für Herrchen und Frauchen sein, da sie dann immer in schallendes Gelächter ausbrechen, besonders Frauchen (wer das Gelächter meines Frauchens kennt, weiß, dass dies nicht immer ein Ohrenschmaus der besonderen Art ist …).

Na ja, wer den Schaden hat, braucht für den Spott nicht zu sorgen, gell? Aber da steh ich drüber – freu mich ja, wenn ich zur Belustigung von Herrchen und Frauchen beitragen kann – kommt mir ja wieder zugute, denn die Streicheleinheiten lassen dann kaum auf sich warten.

Nun, etwas Eigennutz ist in meinem Falle doch mehr als verzeihlich, oder etwa nicht?

Aber auch mein Elan fürs Schneeschippen ist spätestens dann erschöpft, wenn es so viel schneit, dass man es schon als Tiefschnee bezeichnen kann und ich mit dem Schippen gar nicht mehr nachkomme.

Wenn ich dann vors Gewächshaus hüpfe und schon mal bis zum Bauch im Schnee versinke, vergeht mir die Lust zu schippen und ich fliehe schleunigst wieder in mein Gewächshaus zurück.

Kann ich nämlich gar nicht leiden, wenn ich überall feucht bin. Und wer bekommt schon gern nasse Füße, oder? Euch gehts doch da ganz genauso - obwohl ihr euch gar nicht zu beschweren braucht, denn ihr habt ja Schuhwerk an, das schon mal nass werden kann, ohne dass eure Füße was abbekommen.

Klar, ich habe auch herrlich warmes Schuhwerk, Marke „ Natur". Ich will sie auch nicht gegen alles in der Welt eintauschen.

Aber selbst meine Plüschschuhe werden mal nass, wenn ich zu lange im Tiefschnee zubringe, und Tiefschneeausflüge gehören daher verständlicherweise gar nicht zu meinen bevorzugten Tätigkeiten ...

Aber wenn der Schnee überhand nimmt, haben Herrchen und Frauchen ein Herz mit mir und kommen mit einer großen Schaufel aus Holz, die dann die Arbeit für mich erledigt, so dass der Winterspaß dann auch für mich nicht zu kurz kommen muss.

Es geht doch nichts über verlässliches Personal, findet ihr nicht auch?

Kapitel 11

Gartenarbeit

Sobald die ersten trockenen und sonnigen Tage im zeitigen Frühjahr gekommen sind, wird es Zeit für einige Aufgaben im Garten.

Selbstverständlich helfen wir auch hier wieder alle zusammen: Herrchen, Frauchen und meine Wenigkeit nämlich. Gemeinsam gehts schneller und es macht noch dazu mehr Spaß – denn der darf schließlich auch nicht fehlen!

Neben dem Gewächshaus steht ein großer eingezäunter Erdhügel - Herrchen nennt ihn den Komposthaufen. Er stellt dann davor eine Maschine auf und schaufelt diesen Hügel Stück für Stück auf diese Maschine drauf – ich hab sie Rüttler genannt, weil sie die Erde so richtig durchrüttelt und so Steine und größere Brocken von der feinen Erde trennt. Die feine Erde wird von einem darunter stehenden Bottich aufgefangen.

Jetzt kommt Frauchen ins Spiel: Sie nimmt einen Eimer und füllt die Erde aus dem Bottich in den Eimer rein – und jetzt ist mein bescheidenes Talent gefragt! Wie, wollt ihr wissen? Na, das ist doch ganz einfach!

Ich sitze bereits im Gewächshaus in den Startlöchern und warte angespannt und voller Tatendrang auf meinen Einsatz. Frauchen kommt zu mir herein und leert die feine Erde aus dem Eimer auf den Gewächshausboden drauf.

Jetzt gehts los! Ich stürme auf den Haufen zu und verteile die Erde gleichmäßig. Dabei scharre ich mit meinen Vorderpfoten die Spitze des Haufens herunter und schiebe die Erde dann mit meinen Vorderpfoten im Uhrzeigersinn beiseite.

Manchmal erscheint es mir geschickter, mich umzudrehen und die Erde mit meinen beiden Hinterläufen kräftig anzuschieben und zu verteilen - damit kann ich eine größere Fläche mit Erde versorgen. Schließlich zählt jede Minute, denn Frauchen ist schnell mit dem nächsten Eimer zur Stelle, da kann ich es mir nicht leisten, herumzutrödeln. Man sagt ja nicht umsonst: Zeit ist Geld, oder?

Diese Technik habe ich mir übrigens ganz alleine ausgedacht - das muss auch mal gesagt werden!

So habe ich Herrchen und Frauchen die Arbeit erspart, die Erde mit dem Rechen zu verteilen. Jetzt staunt ihr aber, was? Na, man muss eben auch als Kaninchen mitdenken; das war noch nie verkehrt!

So hab auch ich meinen Teil dazu beitragen können, dass hier im Gewächshaus auch in dieser Saison wieder Tomaten und Gurken einziehen und gedeihen dürfen – und meine Leibspeise sei auch nicht zu vergessen – Dill! Der wächst nämlich bei diesem optimal vorbereiteten Boden ganz besonders gut.

Und wenn ich dann den Sommer in meinem Sommersitz genieße, ernte auch ich fast täglich die Früchte meiner Arbeit, äh, ernten tun natürlich Herrchen und Frauchen für mich, und ich lasse mich dann nur noch bedienen...

Aber das habe ich mir ja schließlich nach der Schufterei auch mehr als verdient, oder? Man sagt ja nicht umsonst, dass der Arbeiter seines Lohnes würdig ist, nicht wahr?

Sag ichs doch!

Kapitel 12

Mein Wintersitz

Wie mein Sommersitz aussieht, hab ich euch ja schon ausführlich beschrieben. Zu meinem Wintersitz gibt es im Vergleich mit meinem Sommersitz nicht allzu viele Unterschiede. Zumindest, was die Innenausstattung meines Wohngebäudes betrifft.

Herrchen hat mir mein Winterquartier an einem geschützten Ort gebaut. Und zwar hinter der Garage bei der Hecke, da kommt der Wind nicht so hin.

Dabei hat er mein Wohnhaus ungefähr einen Meter über dem Boden in die Holzkonstruktion eingefügt, wo Herrchen und Frauchen ihr Holz für den Winter lagern - das ist genial, sag ich euch!

Die untere Etage hab ich mir als sanitären Bereich

auserkoren, entlang deren Rückwand. Dort kann ich ungestört böbbeln und dergleichen mehr. Vorne kann ich liegen oder sitzen - sogar am Fenster, das Herrchen extra für mich eingebaut hat.

Wie in meinem Sommersitz, führt auch hier eine Rampe in die obere Etage. Dort wohne, schlafe und esse ich. Auch dort habe ich ein Fenster, an dem ich gerne sitze und das rege Treiben in der Hecke mir gegenüber beobachte.

Hab mich schon mit unserem garteneigenen Hansi angefreundet. Wer das nun wieder sein soll, wollt ihr wissen? Na, unsere Hausamsel, männlichen Geschlechts! Er sitzt jeden Morgen mir gegenüber in der Hecke und erzählt mir alle Neuigkeiten (auf den ist Verlass!). Welche das sind, bleibt unser Geheimnis. Ihr müsst ja schließlich nicht alles wissen!

Sowohl das Erdgeschoss als auch die obere Wohnetage haben eine Klappe, die man nach vorne öffnen kann, selbstverständlich nur von außen. So können Herrchen und Frauchen mich jederzeit besuchen kommen und obendrein ganz leicht für den Zimmerservice sorgen, Frauchen jedenfalls.

Und dass mich keiner holen kommt, der mich nicht verdient, haben Herrchen und Frauchen zu meiner Sicherheit auch ein Schlösschen angebracht. Wo der

Schlüssel dazu versteckt ist, verrat ich nicht.

Mein Wohnhaus ist an allen Seiten mit jeweils fünf Zentimeter dicken Styroporplatten isoliert, damit ichs immer schön warm habe. Verkleidet sind sie mit Holz.

Und rings um mein isoliertes Wohnhaus haben Herrchen und Frauchen ihr Holz eingeschlichtet, das hält die Kälte auch noch mal ab, ist doch super, oder? Jetzt nur nicht neidisch werden!

Wo mein Auslauf bleibt, wollt ihr wissen? Na, das dürfte doch gar keine Frage mehr sein. Lest gefälligst noch mal die Geschichten „Das Gewächshaus" und „Winterdienst", dann fällts euch bald wieder ein. Will mich hier schließlich nicht dauernd wiederholen!

Eines ist noch erwähnenswert: Dass ich während der Wintermonate kein frisches Grün aus unserer Kräuterwiese bekommen kann, dürfte jedem klar sein, aber ich erzähls trotzdem!

Damit ich auch im Winter Frischfutter habe, bekomme ich regelmäßig was von dem ab, was sich Herrchen und Frauchen vom Bauern holen – als da wären: Zuckerhutsalat, Chinakohl, Pastinaken, Möhren, Petersilienwurzeln und Portulak.

Ansonsten sieht mein Speiseplan ähnlich aus wie der im Sommer. Falls ihrs nicht mehr wisst, was alles dazugehört, lest die Geschichte „Essgewohnheiten". Denn, wie gesagt – ich wiederhol mich nicht so gern.

Allerdings verspeise ich im Winter mehr Trockenfutter. Das bekomme ich ab dem Frühling nur noch übergangsweise - damit sich meine Verdauung langsam umstellen kann - den Sommer über gar nicht. Warum, wollt ihr wissen?

Na, deshalb, weil es zu viel Energie liefert. Und die brauch ich natürlich nur im Winter, wenn meine innere Heizung funktionieren muss. Was das sein soll, wollt ihr wissen?

Na, wenns draußen kalt ist, brauch ich mehr Energie - ihr würdet sagen, Kalorien. Und die zähl ich dann auch nicht, denn ich bin um jede einzelne davon froh! Zumindest wenn es unter Null Grad hat. Dann verbrauche ich nämlich Unmengen an Kalorien, damit es mir immer schön warm ist und ich nicht erfrieren muss.

Da vertilge ich nächtens schon mal ne ganze Knabberstange - aber bitte die mit Honig, wenns recht ist! Ich weiß ja nicht, wies euch geht, aber ich find die ganz besonders lecker!

Selbstverständlich tragen obendrein mein dicker Winterpelz und ein üppig gemachtes Heu- und Strohbett in meinem Wohnhaus auch dazu bei, dass ich Herrchen und Frauchen auch im Winter erhalten bleibe, ist doch klar!

Und damit meinem Herrchen und meinem Frauchen auch in der kalten Jahreszeit die Kondition erhalten bleibt, dürfen sie mir täglich mehrmals frisches Wasser an meinen Wintersitz bringen. Warum, fragt ihr?

Na, weil mein Wasser in dem Fläschchen, das an meinem Fenster hängt, immer sehr schnell einfriert - zumindest, wenn es kälter ist als fünf Grad unter Null. Und dann bleibt meine Zunge immer so schnell am Flaschennippel kleben, was ich ja nun gar nicht leiden kann!

Herrchen und Frauchen haben zwar für mein Fläschchen ein Mäntelchen gekauft, das isolieren soll, aber es scheint wohl nicht immer das zu tun, wozu es geschaffen wurde. Da lob ich mir doch meinen Pelzmantel Marke „Natur" - der hält jedenfalls immer, was er verspricht!

Hab schon in diversen Büchern gelesen, dass die meisten meiner Kumpels im Sommer mehr Wasser trinken als im Winter – aber bei mir wird diese Regel wieder mal durch eine Ausnahme bestätigt: Ich trinke im Winter mehr Wasser als im Sommer. Wie das, wollt ihr wissen?

Na, im Sommer hab ich stets Wiesenkräuter, also Frischfutter mit reichlich Wassergehalt, so dass ich nicht so viel zusätzlich trinken muss. Im Winter jedoch fehlt ein großer Teil davon und wird durch Trockenfutter ersetzt. Und da dies die Eigenschaft hat, im Magen aufzuquellen, könnt ihr euch vorstellen, dass mein Durst dann oft ein ganz großer ist, ist doch logisch! Für mich jedenfalls.

Mag ja bei meinen Kumpels, die in Wohnungen von Menschen hausen, anders sein, aber bei mir ists halt so, also reden wir nicht mehr drüber!

Alles in allem verbringe ich meine Tage auch in der Winterzeit mehr als abwechslungsreich, wie ich finde – so lässt sichs doch leben, oder etwa nicht?

Es geht doch nichts über ein ausgefülltes Kaninchen-Schlaraffenland-Leben wie meins!

Kapitel 13

Zeigt her eure Zähnchen

Habt ihr auch solche Angst vor dem Zahnarztbesuch? Na, dann bin ich ja nicht alleine mit meiner Abneigung. Ist ja schon mal ein kleiner Trost.

Ob ich auch zum Zahnarzt muss, wollt ihr wissen?

Na ja, so würde ich es nicht gerade ausdrücken, aber in vielen Büchern kann man nachlesen, dass auch Kaninchen einen regelmäßigen Zahncheck brauchen.

Und um den zu machen, sollte unsereins gefälligst zum Tierarzt gebracht werden. Könnt ihr euch das vorstellen?

In die ungeliebte Transportbox steigen, Auto fahren und dann in die Tierarztpraxis setzen und warten, bis man dran kommt?

In der Zwischenzeit muss man sich dann von allen möglichen anderen Zeitgenossen anstarren und beschnuppern lassen, während man selbst vor Angst mit den Zähnen klappert – eine äußerst peinliche Situation, wie ich finde!

Dieser Zustand muss ein Ende haben! Sonst ist mein Ruf dauerhaft ruiniert!

Tja, Not macht bekanntlich erfinderisch und erfinderisch wie ich bin, habe ich nun eine Möglichkeit gefunden, wie ich mir das alles ersparen kann. Soll ichs euch verraten?

Na, dann will ich mal nicht so sein und euch nen kleinen praxiserprobten Tipp geben: Werft euer Köpfchen elegant zurück und gähnt euer Herrchen und euer Frauchen in regelmäßigen Abständen mal so richtig an. Weshalb denn das, fragt ihr?

Na, damit sie dabei euer tadelloses Gebiss sehen können, ist doch logisch! Ihr werdet sehen, es funktioniert! Habs schließlich schon oft ausprobiert!

Ist euch zu peinlich, meint ihr? Sehts doch mal so: Andernfalls packt euch der Tierarzt - ob ihr ihn gut riechen könnt oder nicht - am Kopf und hält ihn fest wie im Schraubstock. Dann schiebt er mit seinen Fingern eure Ober- und Unterlippe beiseite.

Und als ob das nicht schon genug Quälerei wäre, zwingt er euch auch noch mit seiner Hand, euer Mündchen zu öffnen, indem er mit beiden Händen euren Ober- und Unterkiefer auseinanderzieht. Klingt das nicht schrecklich? Ist es auch!!

Zum Glück kann ich mir diese Prozedur ab jetzt ersparen – durch ganz einfaches Gähnen eben! Ich machs alle paar Tage so.

Herrchen und Frauchen kriegen dann zwar immer einen Lachkrampf, weiß auch nicht wieso, aber diese Peinlichkeit kann ich großzügig verschmerzen, bleibt ja in der Familie.

Auf jeden Fall sind sie dann immer sichtlich glücklich und zufrieden – muss wohl an meinen makellosen Beißerchen liegen und weil ich halt so süüüüüüß bin, wie sie dann immer sagen.

Und Streicheleinheiten lassen dann auch nicht lange auf sich warten. Fehlt noch mehr Überredungskunst, um euch zu überzeugen?

Klar, ich weiß, es gibt viele Kumpels, die auf jeden Fall einen Tierarzt brauchen, weil ihre Zähnchen durch falsche Ernährung schon so lang gewachsen sind, dass sie sich richtig verformt haben und sie vor lauter Schmerzen gar nicht mehr essen können.

Manchmal wachsen sie dann ins Zahnfleisch, da hilft Gähnen auch nichts mehr. Also an alle diese sei die Ermahnung gegeben, ab zum Veterinär, aber schnell!

Wie sagt man so schön: „Vorbeugen ist besser als heilen!"

Und damit euch so was erst gar nicht passiert, ist es wichtig, auf eure Ernährung zu achten. Wenn ihr nämlich immer das Richtige verspeist, wetzen sich eure Zähnchen ganz von alleine ab und ihr tut obendrein noch was für euer tadelloses Erscheinungsbild!

Was will man mehr als flotter Hase von heute!?

Kapitel 14

Rituale

Keine Angst, das wird jetzt keine Einführung in religiöse Zeremonien oder dergleichen, nein! Aber seid doch mal ehrlich! Ist euer Leben nicht auch erfüllt von sogenannten Ritualen? Nein, sagt ihr? Na, dann muss ich euch wohl ein bisschen auf die Sprünge helfen...

Was ist es denn, wenn euch eure Eltern jeden Abend vor dem Schlafengehen eine Gute-Nacht-Geschichte vorlesen müssen?

Oder wenn manche Menschen – vor allem hier im Schwôbeländle – um Punkt 15.00 Uhr den Weg zum heimischen Küchentisch suchen, um genüsslich eine Tasse Kaffee (oder auch mehrere) und dazu ein Stück Kuchen (oder auch mehrere) zu vertilgen? Ganz zu schweigen von der Gewohnheit, täglich möglichst um Punkt 12.00 Uhr das Mittagessen einzunehmen? Braucht ihr noch mehr Beispiele?

Na, wie ihr seht, ist euer Leben voll von Ritualen. Warum sollte das bei mir also anders sein? Selbstverständlich sind es bei mir andere Rituale - wäre ja auch äußerst seltsam, wenn das nicht so wäre, oder? . . .

Da wäre zum Beispiel das Ritual, morgens von Frauchen mein Frühstück serviert zu bekommen. Aber bitte nicht vor 10.00 Uhr, denn ich für meinen Teil gehöre gar nicht zu den Frühaufstehern!

Falls das doch einmal vorkommt, bin ich sehr irritiert und es kann passieren, dass ich mein Frauchen mit einem kräftigen Gähner begrüße - was ja auch nicht weiter schlimm ist, denn dann ist der Zahncheck auch gleich wieder mal erledigt. Hat doch alles immer auch seine Vorteile, nicht wahr?

Tja, und da wären natürlich auch meine täglichen Streicheleinheiten, die ich mir auf jeden Fall einfordere. Zwar bin ich da nicht so von bestimmten Zeiten abhängig, aber haben will ich sie schon, und zwar mehrmals am Tag!

Wenns dann mal nicht so klappt, weil Herrchen und

Frauchen viel zu tun haben oder grade Besuch da ist oder Ähnliches (was zu meinem Glück höööööchst selten vorkommt), kann es schon sein, dass ich etwas beleidigt reagiere, wenn sie sich dann doch mal herablassen, mich zu beachten.

Aber lang halt ich das dann doch nicht durch, sonst sind Herrchen und Frauchen wieder weg und ich schau mit dem Ofenrohr ins Gebirge, wie man so schön sagt. Also, Stolz beiseite und nichts wie hin zu den gebotenen Streichelhänden …

Da ich tagsüber eher Ruhephasen durchlebe und erst am Abend so richtig munter werde, freue ich mich jeden Tag auf mein wichtigstes Ritual, welches ich auch ausgiebigst zelebriere: Abends, bevor es dunkel wird, darf ich im Sommer immer in mein unüberdachtes Freigehege.

Dazu öffnen Herrchen und Frauchen dann ein kleines Türchen in meinem überdachten Freigehege, vor dem ich dann bereits voller Vorfreude hin- und herlaufe.

Dann nichts wie raus und herumtollen, schnüffeln, was das Zeug hält, in die Ecken böbbeln, mich streicheln lassen, Gras und Kräuter verspeisen und vieles mehr! Klingt das nicht toll? Ist es auch!

Während dieser Zeit genieße ich auch immer die Ge-

sellschaft von Herrchen und Frauchen, weil sie unter
anderem ein Auge darauf haben, dass ich nicht in
die engere Auswahl von Greifvögeln gerate, die ih-
rerseits immer auf der Suche sind, ihren Speiseplan
aufzubessern.

Aber da habe ich keine Sorge, wir sind ja zu Dritt,
was soll mir da schon passieren! Und außerdem bin
ich im Sprinten unschlagbar, da soll mich erst mal
einer einholen!

Das führt mich schon zum letzten Ritual eines Tages:
Das Fangsterln! Was das sein soll, wollt ihr wissen?
Na, das muss ich euch doch nicht erklären! Ich tu
es trotzdem: Bevor ich ins Bett muss, heißt es noch
mal, Laufmuskeln, Schnelligkeit und Koordination zu
trainieren.

Herrchen und Frauchen rennen dann hinter mir her
und ich vorne weg. Wer glaubt, sie holen mich ein, der
irrt sich gewaltig! Ich kann so schnell rennen und Haken schlagen, dass mich niemand mehr kriegen kann.
Das halten die beiden dann für ungefähr zwei bis drei
Runden durch.

Damit ich sie konditionell nicht überfordere,
verschwinde ich dann gewöhnlich freiwillig wie der
Wind in meinem Türchen und ab ins Obergeschoss
meines Sommersitzes. Herrchen und Frauchen

schließen das Türchen gegen unbefugten Eintritt und schieben ein Brett in die Öffnung zwischen Wohnhaus und überdachtem Freigehege.

So bin ich nächtens doppelt sicher verschlossen in meinem Bau und kann mich so richtig ausschlafen, ohne Angst haben zu müssen, ungebetene Gäste empfangen zu müssen.

In meiner Wohnetage finde ich dann anschließend einen bereits fürstlich gedeckten Tisch für mich vor - mit allerlei Leckerem, was mein Hasenherz begehrt: Gras und Kräuter von der Wiese, Möhren und vieles mehr - ich hab euch ja schon mal berichtet, was alles noch auf meinem Speiseplan steht ...

Und so geht auch für mich wieder ein Tag zu Ende.

Was gibt es Schöneres, als sich auf so was Beständiges wie Rituale verlassen zu können?

Kapitel 15

Körpersprache

Was dieses Thema mit uns Kaninchen zu tun haben soll, wollt ihr wissen? Na, das ist doch sonnenklar! Für mich jedenfalls!

Ich verstehe jedes Wort von meinem Herrchen und meinem Frauchen und auch alles, was sie zu mir sagen – versteht sich doch von selbst!

Ich gehorche ja schließlich nicht zufällig. Na ja, zufällig zwar nie, aber nicht immer so prompt, wie Herrchen und Frauchen sich das so vorstellen.

Habe schließlich manchmal meinen eigenen Kopf und will nicht immer so, wie ich soll – aber, was sag ich euch, ihr kennt das ja. Schließlich sind so manche Menschen auch mit dieser Eigenschaft ausgestattet, oder etwa nicht? Also, Schwamm drüber!

Und da sich jeder – ob Mensch oder Tier – gern gut verstanden fühlt, ist es auch mir ein besonderes Bedürfnis, euch jetzt mal in die Geheimnisse meiner Körpersprache einzuweihen.

Die schönste aller Gemütsbewegungen - die Freude - drückt sich bei mir in mehreren Formen aus. Wie erklär ichs bloß?

Ja, stellt euch vor, wie Frauchen mir morgens das Frühstück bringt (aber bitte stellt euch vor, dass sie nach 10.00 Uhr kommt, denn andernfalls kann meine Reaktion anders ausfallen, wie ich euch ja bereits in einer vorherigen Geschichte erzählt habe ...).

Also, wenn Frauchen kommt - selbstverständlich auch, wenn Herrchen kommt – freu ich mich immer riiiiiiiesig!

Und da ich das ja nicht mit Worten sagen kann, muss ich es ihnen also zeigen. Dabei rede ich sozusagen mit meinen Vorder- und Hinterläufen. Ihr würdet sagen, mit Händen und Füßen.

Ich springe kurz in die Luft, wobei sich meine Vorderpfötchen zuerst in die Höhe begeben, dann ziehe ich meine Hinterläufe hoch, so dass auch schon im nächsten Moment meine Vorderpfötchen wieder den

Boden berühren.

Währenddessen senke ich mein einzigartiges Köpfchen und drehe es dann blitzschnell im Uhrzeigersinn im Kreis.

Das alles geht natürlich in Sekundenschnelle - während ich erzähle, wies funktioniert, hätte ich dieses Kunststückchen bereits mindestens sieben Mal vorgeführt, ihr könnts mir ruhig glauben!

Aber wenn ihr denkt, das ist die einzige Art, wie ich Freude ausdrücken kann, habt ihr euch getäuscht, aber gründlich!

Wenn ich beispielsweise im Gewächshaus bin oder in meinem Freigehege, dann kommt es häufig vor, dass ich vor Freude Luftsprünge mache.

Frauchen meint, das sieht aus, als hätte ich in meinen vier Beinchen Sprungfedern eingebaut, weil ich aus dem Stand heraus ungefähr 30 Zentimeter in die Höhe springen kann.

Aber keine Sorge, ich mogle nie! Sprungfedern brauch ich nämlich keine – die wären bei mir sowieso ne völlig überflüssige Investition.

Oft schlage ich auch Haken, während ich so durch die Gegend flitze. Das ist zum einen ein Ausdruck meiner puren Lebensfreude, zum anderen dient es auch dem Training meiner Muskeln und der Koordinationsfähigkeit. Solltet ihr auch mal machen!

All das ist lebenswichtig für mich, denn ich gelte ja offiziell als Beutetier für so manch tierische Gesellen, zum Beispiel für Greifvögel und Wiesel.

Da muss ich schon äußerst flink sein, um mich bei Bedarf in Sicherheit bringen zu können (das trifft zwar auf euch nicht zu, wie ich glaube, aber ein bisschen Bewegung hat noch niemandem geschadet, oder?).

Deswegen bin ich bei allem, was ich tue, auch äußerst aufmerksam. Das erkennt ihr daran, dass ich meine Löffel ständig in alle Richtungen bewege, um kein Geräusch zu überhören (das soll mir erst mal einer nachmachen, gell? – dürfte für euch etwas schwierig werden …).

Tja, ein Thema würde ich gerne verschweigen, aber dann darf ich mir im Nachhinein von euch wieder was anhören, also sag ichs lieber gleich.

Der Hase von heute kennt natürlich nicht nur die positive Gemütsbewegung „Freude", sondern auch das Gegenteil – die Angst.

Jetzt fangt nur nicht an zu lachen, ihr seid da absolut keine Ausnahme, oder? Im Gegenteil!

Also, wenn ich Angst habe – und das passiert selbstverständlich nur dann, wenn ich für längere Zeit auf den Arm genommen werde – dann klappere ich ganz laut mit meinen Zähnchen, ich jedenfalls.

Und ich finde, dass dies eine äußerst harmlose Angstneurose ist, denn Berichten zufolge gibt es auch Kumpels, die dann anfangen zu beißen und dergleichen mehr.

Und Menschen zeigen bei Angst noch ganz andere Symptome, wie man hört …

Also, was gutes Benehmen betrifft, könnt selbst ihr hier noch was von mir lernen, wie mir scheint!

Dass ich mich so richtig wohl fühle, erkennt ihr daran, wenn ich mich auf den Bauch lege und sowohl meine Vorder- als auch meine Hinterläufe gerade ausstrecke. Die Steigerung ist, wenn ich mich auf den Rücken lege.

Beides mache ich nur dann, wenn ich mich absolut wohl und obendrein sicher fühle, denn ihr könnt euch vorstellen, dass Fliehen aus dem Zustand heraus nicht so einfach ist. Da können ein paar Sekundenbruchteile über Leben und Tod entscheiden – ihr könnts ruhig mal ausprobieren, dann wisst ihr, wovon ich rede!

Aber ihr erkennt mein Wohlbehagen auch noch auf eine andere Weise. Wenn ich grummle nämlich! Was das sein soll? Wie erklär ich das nun schon wieder!

Also, ich bewege meinen Kiefer blitzschnell hin und her - für euch siehts aus, als wenn meine Backen zittern - dann grummle ich. Selbstverständlich mit geschlossenem Mund, versteht sich doch von selbst!

Wusstet ihr übrigens, dass ich auch „Hallo" sagen kann? Na klar! Bin doch schließlich nicht mit 150 Stundenkilometern durch die Kinderstube geschossen worden. Ich weiß, was sich gehört!

Herrchen und Frauchen begrüße ich immer damit, dass ich mein Näschen drei bis vier Mal ganz schnell an ihre Hände oder ihre Füße - oder was ich halt grad zu fassen kriege - stupse.

Wenn ich dann nicht zeitnah mit Streicheleinheiten belohnt werde, muss ich kräftig schupsen – aber liebevoll, versteht sich!

Ich kann sogar „Ich hab dich lieb" sagen, ist das nicht außergewöhnlich? Damit sollen sich Gerüchten zufolge sogar so manche Menschen schwer tun – außer Herrchen und Frauchen natürlich!

Auch hierfür habe ich zwei Möglichkeiten: Die eine besteht darin, Herrchen und Frauchen die Hand oder die Finger abzulecken (bei Herrchen mach ich das besonders gern, weiß auch nicht genau, warum – vielleicht, weil er mehr Fell auf den Händen hat als Frauchen? Kann sein!).

Die zweite Möglichkeit besteht darin, um Herrchen und Frauchen im Kreis herumzulaufen. Das geht prima, wenn sie abends bei mir im Freigehege sind oder im Gewächshaus, wenn es Winter ist. Dann laufe ich los und renne wie der Wind um die beiden herum. Dabei brumme ich dann noch rhythmisch – so mancher Bär würde neidisch werden!

Bei dieser Liebeserklärung schmelzen Herrchen und Frauchen sichtlich dahin, so dass ich auf Streicheleinheiten gar nicht erst warten muss – gewusst wie, nicht wahr? Probierts doch einfach mal aus, ihr werdet sehen, es wirkt!

An dieser Stelle aber noch ein Tipp für meine Kumpels: Lassts euch gesagt sein, das Spritzen mit Urin lasst dabei lieber bleiben, denn das kommt bei Menschen längst nicht so gut an, wie bei euren weiblichen Artgenossen! Also, wozu diese Verschwendung!

Ach ja, bevor ichs vergesse – habt ihr euch schon mal darüber gewundert, dass Kaninchen ihr Kinn an allem reiben? Was das nun wieder bedeuten soll, wollt ihr wissen?

Na, das ist doch ganz einfach! Das heißt: „Das gehört mir!". Und diese Redewendung dürfte euch ja eigentlich sehr vertraut sein, oder? Nur, dass sie bei mir um einiges stilvoller abgeht als bei euch, wie ich finde. Musste auch mal gesagt werden!

So, ich denke, ich hab jetzt alles Wissenswerte zu diesem Thema erwähnt.

Solltet ihr noch andere Kunststückchen drauf haben als ich - keine Bange - ich gönns euch!

Kapitel 16

Heute ist nicht mein Tag

...dabei fing doch alles so gut an. Zugegeben, heute lief alles anders als gewohnt, aber deshalb war es ja auch grade so spannend.

Heute Morgen hat mich mein Herrchen sofort ins unüberdachte Freigehege gelassen, was normalerweise erst abends auf dem Programm steht.

Und – ich war allein! Nicht, dass ich was dagegen hätte, aber normalerweise leisten mir Herrchen und Frauchen Gesellschaft, wenn ich im unüberdachten Freigehege mein Unwesen treibe!

Und – normalerweise ist das nicht morgens, sondern abends.

Na ja, aber heute ist offensichtlich nichts normal, da

heißt es für mich: Mach das Beste draus!

Der Himmel ist bewölkt und ein laues Lüftchen weht um meine Nase – was liegt näher, als mich mitten im Gehege in ein Fleckchen Wiese zu legen und mir den Wind um die Löffel blasen zu lassen?

Herrchen hat es mir gleich getan, allerdings ungefähr 15 Meter von mir entfernt, vor dem Haus. Er hat es vorgezogen, in seiner Liege zu sitzen. Anscheinend findet er das bequemer.

Werd ich nie verstehen, denn es geht doch nichts über den Duft frischer Wiesenkräuter an der Nase und Fellkontakt mit Gras und Erde! Na ja, jeder, wie er will ...

Mein Herrchen ist normalerweise die Ruhe in Person! Aber wie gesagt, was ist heute schon normal!?

Auf einmal ist mein Herrchen so schrecklich aufgeregt und springt von seiner Liege auf! Hat er sichs womöglich doch noch anders überlegt? ... Scheinbar doch nicht. Will er Fangsterl spielen? - Jetzt schon? Scheinbar auch nicht.

Er rennt über den Rasen auf mich zu (verzeih, aber bei mir sieht das Ganze schon bedeutend sportlicher aus ...), jetzt verliert er auch noch einen Schuh - was ist das denn für eine peinliche Vorstellung?!

Jetzt scheucht er mich auch noch auf und will, dass ich ins überdachte Freigehege laufe. Was, jetzt schon?! Wo es doch grade so gemütlich ist! Ich tu einfach so, als bemerke ich nichts ... hat schließlich schon öfter funktioniert ... na, wer sagts denn! Geht doch!

Zwar gilt seine Aufmerksamkeit mehr dem Himmel als mir, aber Hauptsache, das Ergebnis stimmt ...

Jetzt kapier ich! ... Na klar! ... Da war ein Milan im Anflug und mein Herrchen hatte Angst, ich sei in die engere Wahl geraten, was sein Frühstücksbuffet betrifft.

Na, dann sei ihm sein Auftritt gern verziehen! Ich liebe Dich auch, mein Herrchen!

Aber keine Sorge, ich bin flink genug, mich rechtzeitig in Sicherheit zu bringen.

Trotzdem leg ich mich dir zuliebe mal besser unter meinen Korbtisch, so dass mich der Milan gar nicht erst erspähen kann, und – kann doch nicht riskieren, dass mein Herrchen auch noch den zweiten Schuh verliert, oder?

Habe spätestens jetzt beschlossen, mich ab morgen wieder auf einen ganz normalen Tag in meinem Hasenleben zu freuen!

Bin doch eher ein Freund von geordneten Verhältnissen. Stelle fest, alles andere ist mir dann doch entschieden zu anstrengend und zu aufregend – kein Zustand für alle Tage also ...

Kapitel 17

Mr. Hopps macht Urlaub

Tja, für manche Menschen ist Urlaub die schönste Zeit im Jahr. Für mich ist es schon Urlaub genug, wenn ich zu Hause bleiben und mein ganz alltägliches Kaninchen-Schlaraffenleben genießen darf.

Denn ich fühle mich zu Hause am wohlsten und eigentlich bin ich ein richtiger Stubenhocker. Herrchen und Frauchen gehts da genauso wie mir, wir passen von daher also auch hervorragend zusammen.

Aber wie das Berufsleben halt so spielt, so kommt es vor, dass mein Herrchen des Öfteren mal verreisen muss und da nimmt er Frauchen natürlich mit – würde ich genauso machen.

Für drei Tage kann ich schon mal alleine bleiben, das

ist für mich gar kein Problem – Hauptsache, ich muss nicht raus hier!

Frauchen packt dann jede Etage meines Wohnhauses mit genügend Leckereien voll, Wasser natürlich auch, so dass ich nicht vom Fleisch falle – wäre ja auch zu tragisch!

Wenn Herrchen und Frauchen mal länger weg sind, bleibt mir aber gar nichts anderes übrig, als mein trautes Heim zu verlassen – dann heißt es für mich: Ab in den Urlaub!

Es muss wohl eher Zwangsurlaub heißen, denn eigentlich will ich ja gar nicht weg. Aber manche muss man eben zu ihrem Glück zwingen, wie man so schön sagt, und so ists auch bei mir!

Denn eigentlich hab ich ja mächtiges Glück, eine Pflegefamilie zu kennen, wo ich jederzeit ein gern gesehener Gast bin (ist ja auch kein Wunder, so pflegeleicht und lieb wie ich bin!!).

Dort haben Herrchen und Frauchen den Stall meiner Vorbesitzer für mich dauerparken dürfen, so dass ich für den Urlaubsfall stets mein eigenes Dach über dem Kopf habe – ist zwar bei weitem nicht so feudal wie zu Hause, aber es ist ja auch nicht für lange.

Außerdem muss ich hier drin ja meistens nur schlafen. Den Rest der Zeit darf ich nämlich bei gutem Wetter draußen auf der Wiese in einem kleinen überdachten Gehege verbringen – bei saftigem Grün und an der frischen Luft.

Scheint hier sowas wie ein Zoo oder Kleintierpark zu sein; um mich herum stehen noch viele weitere Gehege, die auch bewohnt sind.

Zum Beispiel von kleinen Vierbeinern, die sich Meerschweinchen nennen – bis heute konnte ich nicht herausfinden, weshalb sie so heißen ... egal, sie scheinen jedenfalls ganz friedlich zu sein. Wenn das so bleibt, solls mir recht sein!

Die Bewohner der anderen Gehege jedoch lassen mein Kaninchenherz höher schlagen, denn da sind etliche meiner Artgenossen drin ... machen die auch Urlaub hier?

Wenn ich dran zurückdenke, wird mir immer noch ganz warm ums Herz – denn hier traf ich einst Flecki – die mit dem süßen Überbiss! Ich hab mich sofort in sie verliebt, denn wir konnten uns unheimlich gut riechen!

Wenns da nur keinen Haken gegeben hätte – Flecki war bereits vergeben und mit ihrem Besitzer schien nicht gut Kirschenessen zu sein. Also, Pfoten weg!

Schnüffeln erlaubt! ... Ich werd sie nie vergessen!! ...

Ihr seht also, ich bin hier wirklich in fabelhafter Gesellschaft und in guten Pflegehänden. Meine persönliche Betreuerin heißt Jaqueline – auch sie kann ich gut riechen, äh, leiden. Sie hat wirklich ein Händchen für jemanden wie mich, das hab ich bald gemerkt. Und sie hat mich auch gern – das tut sooooo gut!

Ja, so geht die Urlaubszeit auch für mich dann wieder wie im Flug vorüber und das Warten auf Herrchen und Frauchen fällt gar nicht so schwer.

Und wenn sie mich dann wieder holen kommen, geh ich manchmal sogar freiwillig in die ungeliebte Transportbox, wenn mir Herrchen die drei magischen Worte ins Ohr flüstert: „Gehen wir heim?"...

Das ist wie Musik in meinen Löffeln, denn wie heißt es so treffend: Zu Hause ists halt doch am schönsten!

Kapitel 18

Maniküre und Pediküre

Ein Ort, wo weder ich noch mein Frauchen je freiwillig hingehen würden, ist ein Nagelstudio. Entsetzlich! Allein schon, was bei solchen Örtlichkeiten alles im Schaufenster herumliegt. Das ist ja zum Fürchten! Für mich jedenfalls!

Und wie die Krallen, äh - das heißt bei Menschen ja Nägel - der jeweiligen Werbefrauchen auf den Plakaten da aussehen, einfach scheußlich! Eigentlich sind es ja wirklich Krallen, lange nämlich!

Ich dachte immer, an so einem Ort lässt man sich die Krallen schneiden. Na, bei manchen Menschen weiblichen Geschlechts scheints da wohl andere Schönheitsideale zu geben ...

Da lob ich mir meine Krallen. Die sind nämlich schön kurz und äußerst gepflegt! Wie das gehen soll, wollt ihr wissen, ohne in ein Nagelstudio zu gehen?

Tja, unsereiner muss für so was meistens zu einem Veterinär, sprich Tierarzt, gebracht werden - und der geht, wie ihr ja schon wisst, nicht gerade sanft mit uns um. Klar, ich weiß ja, manchmal gehts halt einfach nicht anders.

Aber trotzdem: Wohl dem, an dem dieser Kelch vorübereilt!

Und da ich ja ein prima Herrchen und ein prima Frauchen habe – dieser Umstand dürfte den meisten zwischenzeitlich auch schon bekannt sein – ist auch diese Tätigkeit bei uns reine Teamsache. Wie das aussehen soll, wollt ihr wissen? Ganz einfach!

Jeder tut seinen Teil! In welcher Gefühlslage, das steht auf nem anderen Kleeblatt … Denn es gibt nichts, was ich sooooo sehr hasse wie Krallenschneiden!

Aber es ist nun mal äußerst wichtig, also muss ich! Warum das so wichtig ist, wollt ihr wissen?

Ihr habt gut reden! Versucht ihr doch mal, mit langen Fingernägeln die Computertastatur zu bedienen, dann wisst ihr, wovon ich rede!

Trotzdem, ich sags euch gern: Das ist deshalb so wichtig, damit die Krallen nicht zu lang werden, denn dann könnten sie sich verformen oder gar ins Fleisch einwachsen.

Dann hätte ich große Schmerzen und obendrein könnte ich nicht mehr richtig laufen und springen. Oder die Wunde könnte sich entzünden.

In jedem Fall müsste ich dann zum Tierarzt gebracht werden und wie es da zugehen kann, wisst ihr ja bereits …

Da lob ich mir mein Herrchen und mein Frauchen! Die schneiden mir meine Krallen, wann immer sie es nötig haben, die Krallen nämlich. Bei mir sind das ungefähr zwei bis vier Mal im Jahr.

Und sie - Herrchen und Frauchen - machen das wirklich professionell, das Krallenschneiden. Aber trotz allem kann ichs halt einfach nicht ausstehen!

Lasst euch erzählen, wie das abläuft:

Da ich ja um nichts in der Welt stillhalten will, müssen mein Herrchen und mein Frauchen zu einem Trick greifen – den haben sie übrigens von einer Tierpflegerin, die in dem Haus lebt, wo Herrchen und Frauchen immer mein Fresschen und alles, was dazu gehört, kaufen. Sozusagen ein Profitipp von berufener Stelle!

Also, es funktioniert so: Frauchen nimmt mich von hinten mit beiden Händen unter der Brust und hebt mich hoch. In der Stellung stehen meine Vorderpfötchen ganz von allein nach vorne ab, ich kann gar nichts dafür, so solls wohl sein.

Sobald ich oben angekommen bin, drückt Frauchen mich an sich. Ihre rechte Hand bleibt unter meinen Vorderpfoten auf meiner Brust liegen, die linke schiebt sie unter meinen Po, so dass ich einen guten Halt habe – wenn die wüsste, wie ausgeliefert ich mich da fühle!

Jetzt wäre die letzte Möglichkeit für mich, zu strampeln und all meine Kräfte aufzubieten – Gnade meinem Frauchen, wenn ichs versuchen würde ...hab ich schon mal, war aber nicht erfolgreich, also lass ichs lieber bleiben! Und da ich diese Arbeit ja auch schnell getan haben will, halt ichs lieber aus ...

Jetzt kommt für mich der Moment, in dem ich mich so hilflos fühle wie nie!

Frauchen setzt sich samt mir auf einen Stuhl, lehnt sich weit zurück und schiebt mich in Richtung ihrer Schulter, so dass ich flach und möglichst waagerecht auf meinem Rücken liege – diesen Zustand nennt man in der Fachsprache „Trance“.

Ich finde, diese Bezeichnung wird den Tatsachen nicht im Geringsten gerecht!! Da hat man uns mal wieder nicht gefragt, bevor man dieses Wort erfunden hat! Von wegen Trance!!

Da denk ich eher an ein wohliges Gefühl, bei dem einem alles wurscht ist, als hätte man ne Narkosespritze gekriegt.

Stattdessen steigt der Adrenalinspiegel in schwindelerregende Höhen und mein Herzchen schlägt so wild, dass ich jedes Mal denke, es springt mir gleich aus dem Leib!

Klingt das nach Trance? Für mich ganz und gar nicht! Klingt eher nach nem herannahenden Herzinfarkt!

Na ja, jetzt, wo ich schon in diesem absolut entwürdigenden Zustand herumliege, kann Herrchen mir auch gleich zu Diensten sein.

Er greift sich mit seiner rechten Hand einen Nagelzwicker für Kaninchen und mit seiner Linken nimmt er nacheinander behutsam meine Vorder- und Hinterpfötchen und schneidet jede Kralle einzeln (schließlich auch kein Kunststück, wenn ich ihm meine Füße so schön hinstrecke, oder?).

Während dieser Prozedur drehe ich in höchster Not mein Köpfchen meinem Frauchen zu und seufze kurz herzzerreißend. Damit will ich sagen: „Hab Erbarmen! Rette mich! Lass mich runter!" ...

Heute scheint Frauchen allerdings taub zu sein ...

Stattdessen reden Herrchen und Frauchen mit mir. Vor lauter Aufregung verstehe ich gar nicht, was sie sagen, aber ihre Stimmen klingen sehr sanft. Ich vermute, sie wollen mich beruhigen.

Leute, lasst euch sagen: Das hilft alles nichts! Aber trotzdem, danke!

Ich zähle schon die Knipser, jetzt müsste Herrchen eigentlich bald fertig sein ... ja, jetzt gibt er Entwarnung und Frauchen setzt sich wieder auf und lässt mich auf ihren Schoß rutschen. Von dort aus darf ich dann immer selbstständig auf den Boden springen.

Selbstverständlich dann, wann ich will, denn ich muss ja erstmal sämtliche Glieder ordnen, fühlen sich ja an wie eingeschlafen – na, das scheint dann wohl das einzige zu sein, was Ähnlichkeit mit einem Trancezustand haben könnte ...

Ok, alles noch vorhanden – jetzt heißt es für mich: Ab durch die Mitte, aber schnell!

Herrchen und Frauchen eilen herbei und halten mir ein besonders feines Leckerli vor die Nase – Belohnung muss schließlich sein! Und dann krieg ich noch ne extra Portion Streicheleinheiten, weil ich sooooo brav war, wie sie sagen! Wo sie Recht haben, haben sie Recht!

Hört sich doch gut an, oder? Dafür lassen sich doch alle Schrecklichkeiten ertragen ...

Und es geht doch nichts über schicke Füße, noch dazu, wenn man ständig barfüßig durch die Lande zieht wie ich. Der Aufwand hat sich doch mehr als gelohnt, wie ich finde!

Da soll einer sagen, Kaninchen taugen nicht für Teamarbeit ...

Kapitel 19

Unpässlichkeiten

Das wird wohl das kürzeste Kapitel, das dieses Buch je gesehen hat. Warum, wollt ihr wissen? Na, weil ich als Naturbursche nie krank bin und deswegen auch nicht viel darüber sagen kann.

Also, wenns um die wirklich schlimmen Sachen geht, bleibt euch wohl nichts anderes übrig, als euch in einschlägiger Fachliteratur zu informieren und zum Tierarzt zu gehen.

Was die harmloseren Dinge angeht, kann ich euch natürlich schon etwas berichten. Mal überlegen, was könnte das sein?

Ja, jetzt fällt mir was ein!

Wenn ich zum Beispiel den Sommer über vorwiegend

Frischkost esse, kommt es vor, dass beim Futterwechsel im Winter übergangsweise schon mal mein Darm ein wenig protestiert, aber das ist äußerst harmlos.

Damit meine ich weder eine Verstopfung noch einen Durchfall, so was kenn ich nämlich gar nicht!

Nein, manchmal ist meine rektale Hinterlassenschaft dann halt einfach etwas dünner, so dass sich keine so schönen Böbbel formen.

Das ist beispielsweise auch dann so, wenn ich keine Gartenwildpflaumen, sondern gekaufte Pflaumen esse. Dann weiß Frauchen aber gleich, was zu tun ist.

In dem Fall gibt sie mir getrocknete Johannisbrotschoten. Diese „Arznei" liebe ich sehr! Es duftet und schmeckt herrlich fruchtig.

Wenn ich das verzehre, stellen sich meine Böbbel nach kurzer Zeit von ganz alleine wieder ein. Wie das funktioniert, wollt Ihr wissen? Fragt mich gefälligst was Leichteres!

Ja, was fällt mir noch dazu ein?

Jetzt hab ichs! Manchmal – vor allem an sehr kalten, feuchten Wintertagen – kommt es vor, dass mein Näschen beim Schnüffeln ein klein wenig pfeift.

Wenn ich dann an Frauchens Ohren schnuppere, hört

sie es sofort, und auch dann weiß sie gleich, was zu tun ist: Sie gibt mir frischen Salbei und Thymian aus dem Garten.

Wenn der zugeschneit ist, tuts auch ein getrockneter, aber frisch ist er mir natürlich am liebsten.

Zusätzlich bekomme ich dann statt purem Wasser etwas Kamillentee in meinem Fläschchen. Den mag ich besonders gerne. Bin halt ein ausgesprochener Kräuterfan!

Schon nach wenigen Tagen gehts meinem Näschen dann wieder gut.

Na, und das hätt ich ja beinah vergessen - das muss der Vollständigkeit halber ja auch noch erwähnt werden: Vor einiger Zeit hab ich mir mal ein Vorderpfötchen verstaucht, weil ich immer so flink die Treppe rauf- und runterspringe.

Dabei muss ich wohl irgendwo hängen geblieben sein – wo, weiß ich nicht mehr, weil alles so schnell gegangen ist. Hab nur ein paar Tage humpeln müssen.

Und so hab ich sogar gelernt, auf drei Beinen zu laufen. Ist doch auch nicht zu verachten, oder? Das macht mir so schnell keiner nach!

So, das wars! Jetzt haben wir ja doch noch einige

Zeilen gefüllt. Wäre ja auch zu schade um das Blatt Papier!

Es geht doch nichts über eine ausgezeichnete Gesundheit!

Kapitel 20

King Hopps

Manche Geschichten bedürfen keiner erklärenden Worte. So ist es auch mit dieser hier.

Ihr habt ja nun alle bereits viel über mein liebevoll so genanntes Kaninchen-Schlaraffenleben erfahren: Wie ich meine Tage so verbringe und was ich alles erlebe und vor allem, wie mich mein Herrchen und mein Frauchen verwöhnen.

Ich weiß ja nicht, wie ihr das seht, aber ich finde, dass es nun an der Zeit wäre, mich schleunigst umzutaufen. Was das heißen soll? Na, das ist doch mehr als logisch!

Überlegt doch mal! Klar, der Name „Mr. Hopps" passt zwar immer noch hervorragend zu mir, weil ich meinem Namen alle Ehre mache - denn Hüpfen und Springen gehört schließlich zu meinen ausgeprägten Wesensmerkmalen.

Aber wenn man alles andere in Betracht zieht: Nämlich, was in den letzten Jahren meines Daseins hier in meinem neuen Zuhause alles so zu meinem Alltag gehört, finde ich, der Name „King Hopps" würde bedeutend besser zu mir passen!

Seid doch mal ehrlich, könnte es einem Kaninchen besser gehen als mir? Ich erhalte hier doch wirklich mehr als königliche Behandlung, oder etwa nicht?

Also, ich bin dafür, dass man mich ab sofort „King Hopps" nennt.

Aber wie bring ich das nur all denen bei, die mit mir zu tun haben? Schließlich kennt mich ja jetzt jeder unter meinem bisherigen Namen und es dürfte gar nicht so einfach sein, meinen Sinneswandel zu erklären.

Könnte ja sein, dass mich dann jemand für unbescheiden hält, was ich ja nun gar nicht will! Oder dass ich gar als Hochstapler oder Angeber gelte und dann wäre es aus mit meinen guten Ruf.

Und wenn der erst mal dahin ist - der gute Ruf - dürfte es sehr schwer sein, wieder einen zu bekommen, einen guten nämlich.

Na ja, ich denke, ich halts dann doch lieber nach dem schönen Sprichwort: Bescheidenheit ist eine Zier ..., zumindest, was den ersten Teils dieses Reims betrifft.

Denn eigentlich ists ja auch gar nicht so wichtig. Habe soeben beschlossen, bei meinem guten alten Namen „Mr. Hopps" zu bleiben. Und eigentlich bin ich damit auch voll und ganz zufrieden.

Denn - eine königliche Persönlichkeit ist schließlich weit wertvoller als ein königlicher Name, oder etwa nicht?

Kapitel 21

Der Ball

Eines schönen Tages kamen mein Herrchen und mein Frauchen vom Einkaufen nach Hause zurück. Nebenbei bemerkt - das wird aber auch Zeit, wie ich finde!

Schließlich ists jetzt bereits zu vorgerückter Sommerabendstunde und mein alltäglicher Freilauf ist längst überfällig. Also macht gefälligst schnell, ja?

Ah, jetzt kommen Herrchen und Frauchen endlich zu mir. Gleich werden sie mich nach draußen holen. Aber halt – was hat Herrchen denn da in der Hand?

Er trägt eine große, gelbe Kugel in beiden Händen. Sehr komisch! Ich hatte ja schon oft Besuch, aber so eigenartig hat noch niemand ausgesehen!

Egal, jetzt will ich erst mal raus und meine abendlichen Runden drehen! ... Jippie, ist es nicht herrlich, so herumzutollen!?

Hoppla, was war das denn? Wer hat mich denn da angerempelt? Außer meinem Herrchen, meinem Frauchen und meinem Korbtisch steht doch sonst nie was in meinem Freigehege herum.

Muss wohl die große gelbe Kugel gewesen sein, die hier liegt. Wie kommt die denn da her? Was will die denn hier drinnen?

Erst jetzt fällt mir auf, dass Herrchen und Frauchen ganz gespannt auf mich und die gelbe Kugel schauen. Jetzt versteh ich! Sie haben mir ein Geschenk gemacht und möchten, dass ich es gebührend zu würdigen weiß, was heißen soll: Begrüßen, beschnuppern und dergleichen mehr. Na, dann will ich ihnen den Gefallen mal tun ...

Wie heißt der eigentlich? Frauchen sagt dauernd: „Balli, Balli". So kann doch unmöglich jemand heißen!

Ich begrüße ihn mit zwei kurzen Nasenstupsern, denn das ist meine Art, „Hallo" zu sagen, wie ihr ja bereits wisst.

Aber Balli scheint von Höflichkeitsfloskeln nicht viel zu halten, denn er erwidert meinen Gruß nicht und bleibt einfach regungslos stehen.

Na, dann nicht! Ich widme mich dann eben wieder meinen Wiesenkräutern – das ist sowieso viel spannender, wie mir scheint!

Soll Balli doch bleiben, wo er will.

In der Zwischenzeit wird Balli von Frauchen beschäftigt. Sie legt ihn auf den Boden und schupst ihn mit ihrem Fuß in meine Richtung. Was soll denn das? Balli hat mich angerempelt! Lass mich doch in Ruhe, du erschrickst mich ja zu Tode!

Jetzt versteh ich: Frauchen will, dass ich mit ihm spiele. Hey, Leute! Ich brauch keinen Kumpel! Ihr müsstet doch längst gemerkt haben, dass ich nicht einsam bin!

Und außerdem scheint das Temperament Ballis dem einer Schlaftablette zu ähneln, was so gar nicht zu meinem ausgelassenen Gemüt passt, wie ich hier mal bemerken darf!

Jetzt hab ich ne Erklärung, glaub ich: Herrchen und Frauchen lesen ja ständig irgendwelche Bücher über mich und meine Artgenossen. Da wird wohl irgendwo drin gestanden haben, dass Kaninchen gerne Bälle mögen, zum Spielen nämlich.

Ihr müsstet doch längst wissen, dass man nicht alles glauben kann, was in irgendwelchen Büchern geschrieben steht (außer meinem, versteht sich doch von selbst!).

Ich sags euch also nochmal: Ich mag keine Käserinde und ich mag auch keinen Ball, und damit basta!

Aber ich weiß ja, dass ihr es nur gut mit mir gemeint habt und mir nur ne Freude machen wolltet. Also gut, Balli darf hier bleiben – aber nur, wenn er sich zu benehmen weiß!

Aber ich glaube zu bemerken, dass Ballis Lieblingsbeschäftigung einzig und allein darin besteht, regungslos in der Prärie herumzustehen – zumindest dann, wenn keine fremden Kräfte wie etwa Frauchens Fuß auf ihn einwirken.

Na, dann solls mir recht sein! Ich teile meine Kräuterwiese gern mit dir ...

Wenige Tage später habe ich meine Aussage bitter bereut.

Herrchen und Frauchen bekamen nämlich Besuch von Freunden. Als die Balli da so liegen sahen, hatten sie offensichtlich Mitleid mit ihm, weil er keinen Spielgefährten hatte. Also nahmen sie ihn aus meinem Freigehege heraus und begannen, ihn mit ihren Händen in der Luft herumzuschupsen, während ich derweil versuchte, meinen Abendfreilauf zu genießen.

Sie nannten das Spiel „Handball", was mir zwar irgendwie logisch erschien – aber gleichzeitig schien es mir, dass sie des Spiels nicht so ganz mächtig waren.

Andauernd flog mir Balli um die Ohren oder er attackierte meinen Sommersitz – von dem Lärm mal ganz zu schweigen!

Aber sanft wie meine Wenigkeit nun einmal ist, ertrage ich alles geduldig. Jeder muss schließlich ab und zu mal seinen Spaß haben, oder etwa nicht?

Dann flog Balli auf einmal in die Richtung meines Türchens, das mein überdachtes Freigehege mit dem unüberdachten verbindet. Das geht aber jetzt entschieden zu weit! Ich darf doch wohl sehr bitten!

Jetzt heißt es für mich: Rennen, was die Pfoten hergeben!

Auf einmal bleibt Balli vor dem Türchen regungslos stehen. Puuuuuh, das ist ja nochmal gut gegangen! Er hat wohl gemerkt, dass er mit seiner Leibesfülle sowieso nicht durch das Türchen gepasst hätte. Das will ich ihm aber auch geraten haben!

Einige Zeit später flog Balli über die Hecke hinweg

auf Nachbars Grundstück – samt meinen Nerven, die er mir bis dahin geraubt hatte.

Jeder Versuch, ihn wiederzufinden, blieb erfolglos. Alle waren traurig – bis auf meine Wenigkeit, Mr. Hopps genannt.

Ich wünsch ihm ja wirklich alles Gute, aber vermissen tu ich ihn ganz bestimmt nicht!

Endlich hab ich mein Freigehege und meinen Korbtisch und mein Herrchen und mein Frauchen wieder ganz für mich allein – was will der verwöhnte Hase von heute mehr?

Kapitel 22

Ein lärmender Geselle

Wie ihr ja bereits wisst, verbringe ich den Sommer immer in meinem Sommersitz. Und der steht auf einer riesengroßen, herrlichen Kräuterwiese drauf.

Von der wunderbaren Ruhe hier hab ich euch ja auch schon mal erzählt – und ich hab mich schnell daran gewöhnt – an die Ruhe, das laue Lüftchen, das mir um die Löffel bläst und die einzigartigen Blumendüfte, die mein Näschen verwöhnen.

Und selbstverständlich an mein liebes Herrchen und mein liebes Frauchen, deren Gesellschaft ich natürlich jederzeit gerne genieße!

Allerdings hab ich bald bemerkt, dass diese Ruhe im Sommer alle paar Wochen von einem ziemlich ungehobelten, lärmenden Gesellen gestört wird.

Das scheint dann wohl die berühmte Ausnahme zu sein, die die Regel bestätigt, wie manche Menschen zu sagen pflegen.

Anfänglich konnte ich das Geschehen noch nicht recht einordnen und bin jedes Mal zu Tode erschrocken. Wer dieser lärmende Geselle ist, wollt ihr endlich wissen?

Ach so, ich vergaß ja ganz, euch die Einzelheiten zu erzählen. Na, die will ich euch dann ja mal nicht vorenthalten:

Alle paar Wochen also kommen entweder Herrchen oder Frauchen auf meine herrliche Kräuterwiese und schieben ein Ding vor sich her, das sich auf vier Rädern fortbewegt.

Scheinbar braucht dieses Ding dabei trotzdem Hilfe, denn Herrchen oder Frauchen schieben es immer an, indem sie sich dabei an einem großen Bügel aus Metall festhalten.

Bevor der Lärm seinen Anfang nimmt, räumen Herrchen oder Frauchen immer das Steckgitter meines unüberdachten Freigeheges fort und nehmen mir meinen Korbtisch weg.

Bis dahin bin ich längst in das Obergeschoss meines Sommersitzes geflohen und beäuge alles aus meinem Fensterchen in sicherer Entfernung. Ich will nicht fortgebracht werden, ich will hier bleiben!

Herrchen und Frauchen bringen alles auf die Terrasse, kommen allein zurück und widmen sich danach diesem Ding.

Das sieht dann so aus: Herrchen oder Frauchen drücken mehrmals in seine Seite und reißen wie wild an einer Schnur herum, die an dem Ding heraushängt. Spätestens dann knattert, rattert und heult das Ding in einem ohrenbetäubendem Lärm in der Gegend herum.

Ehrlich gesagt, bei so einer Behandlung würde ich auch einen Schreikrampf kriegen und mich wehren – glücklicherweise ist dies jedoch bei meinem Schlaraffendasein niemals nötig.

Herrchen oder Frauchen schieben dann dieses lärmende Gestell auf vier Rädern auf meiner Kräuterwiese im Kreis herum.

Muss doch mal nen Blick riskieren, ob ich erkennen kann, was das für einen tieferen Sinn haben könnte …

Jetzt fällt mir auf, dass meine Kräuterwiese da, wo

das lärmende Ding drüber fährt, um einiges kürzer ist als vorher.

Hey, aufhören! Was soll denn das? Der nimmt mir ja alle meine leckeren Blüten weg und frisst mein Gras und meine Kräuter – und das, ohne mich vorher gefragt zu haben!

Durch welche Kinderstube ist denn der geschossen worden? Mit 200 Stundenkilometern nämlich!

Aber wenn ichs mir recht überlege, sollte ich ihm eigentlich dankbar sein für seine Hilfe. Denn für mich alleine wäre es geradezu unmöglich, die riesige Kräuterwiese kurz zu halten.

So viel kann ich gar nicht auf einmal fressen und schneller als mir lieb wäre, säße ich in einem dichten Dschungel, der mir die herrliche Aussicht nehmen würde und dergleichen mehr.

Also, will ich mal nicht so sein und dem lärmenden Ding seine Grobheiten gestatten und auch verzeihen.

Wobei schon mal eines gesagt werden muss: Da lob ich mir doch die Beschaffenheit meiner Wenigkeit, Mr. Hopps genannt. Mich muss keiner in die Seite drücken, mich anschieben oder gar an mir herumreißen.

Ich springe von ganz alleine auf meine Kräuterwiese und das Kürzen der Grashalme und Wiesenkräuter geht bei mir völlig lautlos von der Pfote – das soll mir erst mal einer nachmachen, gell? Gelingt euch sowieso nicht, ihr braucht es gar nicht erst zu versuchen!

Nebenbei bemerkt, ich hab das lärmende Ding „ Kräuterwiesenfrisör" getauft - klingt doch etwas charmanter, wie ich finde. Herrchen und Frauchen nennen ihn „Rasenmäher".

Na ja, jeder, wie er will, gell? Über Geschmack lässt sich bekanntlich nicht streiten.

Gescheit, wie ich nun mal bin, hab ich bald gemerkt, dass für mich keine Gefahr droht, wenn der Kräuterwiesenfrisör zu Besuch kommt. Im Gegenteil, auch hier sind wir – mein Herrchen, mein Frauchen und ich – ein super Team geworden.

Sobald nämlich Herrchen oder Frauchen das Steckgitter meines unüberdachten Freigeheges sowie meinen Korbtisch wegräumen, weiß ich, jetzt ist es Zeit für das lärmende Ding, äh, den Kräuterwiesenfrisör.

Das bedeutet für mich, durch das Türchen meines überdachten Freigeheges in ein extra für mich vorbereitetes kleines Gehege zu laufen, so dass Herrchen und Frauchen mein überdachtes Freigehege verschieben können, um den Kräuterwiesenfrisör seine Arbeit machen zu lassen.

Ich hab nämlich schnell gelernt, dass die Worte: „Komm Hoppsi, geh rüber, Herrli muss arbeiten" eben genau dies bedeuten – da staunt ihr, was?

Dann wird das überdachte Freigehege wieder an seinen Platz geschoben und ich lauf einfach durch mein kleines Türchen wieder in mein Domizil zurück. Ist doch genial, oder?

Es geht doch nichts über ordentliche Teamarbeit, wie ich finde!

Kapitel 23

Nachwort

So, das wars!

Jetzt reichts erst mal mit dem Geschichtenschreiben. Es fällt mir sowieso nichts mehr ein – also gönnt mir gefälligst ein kleines Päuschen, ja?

Falls ihr mich mal in Action erleben wollt und ein paar dufte Bilder sehen wollt – und überhaupt, ein bisschen mehr über mich erfahren möchtet – besucht mich doch einfach mal auf meiner Homepage:

http://mrhopps.jimdo.com

Und falls nicht, dann eben nicht. Aber eins sag ich euch gleich: Da entgeht euch einiges...

An dieser Stelle möchte ich meinem Frauchen und meinem Herrchen ein gaaaaaanz dickes „DANKESCHÖN" sagen, dass sie mir geholfen haben, dieses Buch zu schreiben. Ohne sie hätte ich es nämlich nicht geschafft.

Herrchen und Frauchen - ihr bekommt von mir auch nen extra dicken Nasenschlecker. Und als wenn das nicht schon genug wäre, leg ich auch noch nen großen Büschel meiner Lieblingskräuter drauf, eigens von mir für Euch aus meiner schönen Kräuterwiese gepflückt. Das wird ein Fest! Und – ihr dürft sogar von meiner Wasserflasche nippeln. Da staunt ihr, was?

Das habt ihr euch aber nach der Schufterei auch mehr als verdient, wie ich finde!

Wie immer, sind wir nämlich auch bei diesem Projekt wieder ein super Team gewesen – denn mir ist es halt schon aus anatomischen Gründen unmöglich, einen Stift zu halten - geschweige denn, die Computertastatur zu bedienen ...

Nun ja, wozu hat man schließlich qualifiziertes Personal!? ...

Bibliografische Information der Deutschen Nationalbibliothek
Die Deutsche Nationalbibliothek verzeichnet diese Publikation in der Deutschen Nationalbibliografie; detaillierte bibliografische Daten sind im Internet über http://dnb.d-nb.de abrufbar.

Herstellung und Verlag:
Books on Demand GmbH, Norderstedt

Website zu diesem Buch: http://mrhopps.jimdo.com